三联·哈佛燕京学术丛书
学术委员会

季羡林　李学勤　李慎之　苏国勋　厉以宁
（主任）

陈　来　刘世德　赵一凡　王　蒙
　　　　　　　　　（常务）

邓小南　侯旭东　丁　耘　刘　宁　张志强

渠敬东　李　猛　魏　斌　谢　湜　张泰苏
（常务）　（常务）

赵汀阳 著

论可能生活

初 版

On Possible Lives

Original Edition

生活·讀書·新知 三联书店

Copyright © 2024 by SDX Joint Publishing Company.
All Rights Reserved.
本作品版权由生活·读书·新知三联书店所有。
未经许可，不得翻印。

图书在版编目（CIP）数据

论可能生活：初版 / 赵汀阳著. -- 北京：生活·
读书·新知三联书店, 2024.8. -- (三联·哈佛燕京
学术丛书：修订版). -- ISBN 978-7-108-07889-6
Ⅰ. B82
中国国家版本馆 CIP 数据核字第 2024MN3165 号

文字编辑	王萱婕
责任编辑	冯金红
装帧设计	蔡立国　薛　宇
责任校对	张　睿
责任印制	卢　岳
出版发行	生活·讀書·新知 三联书店
	（北京市东城区美术馆东街 22 号 100010）
网　　址	www.sdxjpc.com
经　　销	新华书店
印　　刷	三河市天润建兴印务有限公司
版　　次	2024 年 8 月北京第 1 版
	2024 年 8 月北京第 1 次印刷
开　　本	880 毫米 × 1230 毫米　1/32　印张 6.5
字　　数	155 千字
印　　数	0,001－5,000 册
定　　价	64.00 元

（印装查询：01064002715；邮购查询：01084010542）

本丛书系人文与社会科学研究丛书，
面向海内外学界，
专诚征集中国中青年学人的
优秀学术专著（含海外留学生）。

·

本丛书意在推动中华人文科学与
社会科学的发展进步，
奖掖新进人才，鼓励刻苦治学，
倡导基础扎实而又适合国情的
学术创新精神，
以弘扬光大我民族知识传统，
迎接中华文明新的腾飞。

·

本丛书由哈佛大学哈佛－燕京学社
（Harvard-Yenching Institute）
和生活·读书·新知三联书店共同负担出版资金，
保障作者版权权益。

·

本丛书邀请国内资深教授和研究员
在北京组成丛书学术委员会，
并依照严格的专业标准
按年度评审遴选，
决出每辑书目，保证学术品质，
力求建立有益的学术规范与评奖制度。

目 录

再版前言 …………………………………………………… 001
导论　可能生活与幸福之路 ……………………………… 001

第1章　问　题 …………………………………………… 025
第2章　思路的改变 ……………………………………… 044
第3章　道德的维度或生活的维度 ……………………… 089
第4章　幸　福 …………………………………………… 110
第5章　公　正 …………………………………………… 126
第6章　选择与道德情感 ………………………………… 147
第7章　从人类的角度 …………………………………… 162
第8章　以新概念哲学为背景的伦理学 ………………… 176

出版后记 …………………………………………………… 193

On Possible Lives

Contents

Preface to the Original Edition ··· 001

Introduction: The Concept of Possible Life and Expectation of Happiness ··· 001

Chapter 1 Where the Problem ····································· 025

Chapter 2 A Change in Thinking ································ 044

Chapter 3 A Dimension of Morality or of Life? ················ 089

Chapter 4 Autotelic Happiness ···································· 110

Chapter 5 Symmetric Justice ······································ 126

Chapter 6 Choices and Moral Sentiments ····················· 147

Chapter 7 Humanity in the Human Perspective ············· 162

Chapter 8 Ethics Based upon an Alternative Concept ······ 176

Afterword ·· 193

再版前言

三联书店准备再版一些"有意义的"书。我指的不是几百年前的书，而是一个特殊时期的书，我的理解是（不知对不对），上世纪90年代的书。就中国而言，那是个思想学术模式发生大变化的年代，因此那个时代的著作对于理解时代变化的历史性有着参考价值。很抱歉使用了"大变化"这样空洞无能的描述。哪个时代没有变化呢？加个形容词不能说明什么，不得已才使用形容词。90年代的思想学术确实发生了"很大的"变化，但如果从一个比较长的时段来看，变化就不是很大了，至少没有当事人自己感受的那么激动人心。要理解一个时代的历史性，必须排除当事人夸张的自我激动。

曾经有个流行说法，大概是，80年代以思想见长，90年代以学术见长。我完全不能同意这个与事实出入很大甚至几乎相反的说法。请允许我复述自己在一篇文章里对80年代学术的描述：长时间封闭之后的开放形成了大量积压的、在不同年代出品的西方思想"同时到港"的景象，由于到货的同时性，对于当时的中国来说，不同时代的西方思想似乎具有几乎同等但时间错乱的现代性或当代性，思想市场一时繁荣起来，但都是他者的思想，而他者的思想对于接受者来说是学术，并不是自己产生的思想。比较如实的描述应该是，80年代是学习西方学术的时代。经过10年的学习，90年代才开始产生一些半生半熟的本地思想。

90年代的思想有两个容易观察到的现象：（1）思想的分流。80年代是学习的年代，所有来自远方的学术都令人激动，都值得学习，因此形成一种貌似心同此理的集体一致性。但90年代更多的人开始独立思考，各自看到了不同的问题和事实或事实的不同面相，很快就分流了，甚至产生了尖锐的争论。（2）问题意识的形成。在80年代，对于学习者或接受者来说，来自远方的思想学术就是所要寻找的问题答案，也就较少激发怀疑和问题意识。90年代激烈的社会和生活变迁产生了当时学术难以解释的新事实和新问题，自然引发了独立思考的问题意识。新事实和新问题等于是对思想的反问，迫使思想进入反思状态。这是人类的正常现象，也不特殊。

《论可能生活》一书被列入值得再版的书，很荣幸。需要解释几句。这本书其实与90年代的时代气氛并不很契合，或有几分脱节。书中观点更接近古老的或被称为"前现代"的原则，有点不合时宜，但实际上得到不少读者的支持，不知道是否说明了，人类生活的一些基本问题至今不变，所谓天不变，道亦不变。这本书一般被归入伦理学，而且是"美德伦理学"，恐怕有点高估了。当然，书里的观点倾向于"取法乎上"的古代理想原则而不是"向下看齐"的现代平等原则，这一点或许略有"美德伦理学"的风格。至今我仍然相信休谟的"事实推不出价值"的怀疑论是最深刻的伦理学疑案。这本书暗中试图解决休谟的这个问题，想是这么想的，实际不敢如此宣称。简单地说，当时没有明言的（因为还没有想清楚）思路是这样的：什么是事实呢？形而上学通常把事实理解为可确定的事物状态和性质，而把不确定的、可变的关系看成现象。如果把事实理解为事物本身的状态，确实不能推出价值，但要是把事实理解为"相互性"或"对称性"的动态关联，或许就能够推出价值了。无论如何，我还是试图以相互性和对称性推出幸福原则和公正原则，但是否属于价值，就不一定了。

"三联·哈佛燕京学术"版《论可能生活》中幸福原则只有一条，即个人自由选择的行为的自成目的性，意思是，如果一个人自由地做某事，这件事本身就是做这件事的目的和全部意义之所在，与这件事的成败或收益无关，那么做这件事就是幸福的。其中的道理是，既然一件事的意义与这件事的事实之间的关系是完全对称的，相互做证，那么这件事就自身完满了，不需要别的证明。幸福属于个人，公正却属于社会，如果没有公正，每个人的幸福都会被破坏，所以同时需要公正原则。书中论证的公正原则几乎是极简主义的，就是对称性本身。任何具有对称结构的关系都是公正的，任何不对称的关系都是不公正的。这个想法来自数学的等值，等值等于正确。我迷信地想象，数学是存在的本质。据说很多科学家也这样想，因此深受鼓舞。

后来，本书在中国人民大学出版社出版了修改版，增加了第二条幸福原则：幸福是来自他人的礼物。意思是，在很多情况下，幸福不是自己能够单独完成的事情，而是他人愿意让你幸福，才能够获得幸福。因此，这种相互性的幸福是他人的礼物，是运气，是福气，不是一个人必然应得的权利。第二条幸福原则似乎令人失望，确实有人告诉我说，他人更乐意破坏别人的幸福，实际上没有那么多的"礼物"。这与我的论述并没有矛盾。第二条幸福原则表面上有温情，实际上很残酷，言外之意是，幸福就是奢侈品，毫无平等和普及性。

无论是三联版的《论可能生活》还是中国人民大学版的《论可能生活》修改版，都只是青年时代的思索，没有成熟的结论。伦理学只是我的思考插曲，形而上学或存在论才是我的长期主要工作，但也没有成熟的结论。

衷心感谢冯金红女史把《论可能生活》选入值得再版的书单。

赵汀阳
2024 年 5 月 31 日

导 论

可能生活与幸福之路

1. 越过"ought to be"而放弃劝导

"借钱就应该还钱。"
"不应该偷窃。"
"我们应该遵守协议。"
伦理规范总是这样企图劝导人们做某种事或不做某种事。

凡是含有或暗含"应该"(ought to be)这一意义的语句就是规范语句。经典伦理学主要是规范伦理学,即以规范为研究主题的伦理学。规范之所以值得研究,主要是因为存在着这样的问题:

(1)任一规范的合理性需要被判定。

(2)规范之间可能出现的冲突需要被解决。

关键在于什么才是这类问题的解决。很明显,一种解决绝不能同样具有未被解决的问题所具有的那种弱点,这是一个最基本的要求。作为劝导,规范给出某种实践性的建议,对于这种建议,可能接受也可能不接受,我可以以另一种规范为理由或者以某种生活态度为理由。总之,规范只是可选择的对象而不是无可选择的事实,无论以什么理由,我总能怀疑任何一种规范,甚至拒绝任何一种规范。规范就其本身而言必定是可疑的。于是,任一规范都无法构成另一条规范的有效判定。为了判定一条规范，我们就不能以规范判定规范，而只能在别的地方寻找真正的证明。在此我们获得了另一条原则：一种判定如果是足够有效的，它便不得弱于怀疑态度。这意味着关于规范的理论决不能仍然是一种劝导，否则伦理问题就会原封未动，始终得不到解决。

很不幸，规范伦理学往往只是给出比较普遍的劝导，因此它只不过是在理论上表达了行为上的偏见。比如说，为了给那些直接诉诸行为的规范——如"不应该偷窃"——寻找辩护，规范伦理学可能提出"所有人都不应该侵犯他人的私有财产权"，依次渐进，最后就会给出相当抽象的劝导，诸如"正当的行为应该是为了最大多数人的最大幸福"，或"你应该同意你的所作所为成为他人也都遵守的普遍规范"。这类具有普遍性的规范通常在意义上都不甚明确（这一点显然促进了所谓元伦理学的分析），而且在理论上也总是漏洞百出（有些伦理学家希望在元伦理学的帮助下给出更为谨慎的解释）。但这些缺点只是表面性的，其根本的错误是方向性的，我们本来就不能指望用规范去说明规范。上述那种普遍规范之所以在说明具体规范时存在着困难，并非因为它不具有足够的解释力，而是因为不论它具有何种程度的解释力都是无效的。任何一个规范，无论是具体的还是普遍的，都同样弱于怀疑态度，这就意味着我们总能够不信任它。实际上，规范伦理学的研究所以能够进行，其中一个重要原因是，规范伦理学暗中利用了人们通常具有的比较一致的伦理信念以及流行的意识形态，于是一些最可疑的观念被隐藏在不被反思的背景中。然而信念或意识形态的可信性同样弱于怀疑态度，人们有时宁愿坚持某一信念，只不过是由于习惯、思想上的障碍以及各种趣味性利益。尼采式的反抗尽管武断夸张而且缺乏根据，但它比规范伦理学的思路深刻得多。

既然已经有了政治家来制定政治制度,有牧师来指引从善之道,有律师来把握法律尺度,有教师来传播处世良方,伦理学家还能给出什么忠告?

伦理学是哲学的一种反思。思想的最终判定如果是有效的,就只能是哲学性的,而哲学的判定如果是有效的,当且仅当它是在意识形态之外的反思活动,即无立场的批判。如果一种批判从属于某种意识形态或信念,那么它就是出于利益或趣味的,也就无所谓"批判",它只是行为上的选择而不是思想上的澄明(思想上不存在选择,我们无法"选择"思想上的必然性,正如不能选择世界的事实性)。于是,关于规范的理论问题决不是"为什么应该如此行为",而只能是"是否应该如此行为"。

"为什么应该如此行为"的叙述意味着事先承诺了"应该如此行为",这使得问题好像仅仅在于为此寻找一些肯定性的理由。这种提问从一开始就是非中立的。对于"如此行为"本来有着两方面的判定可能性,但这种提问等于只愿意选择其肯定性的方面。然而,只要愿意,我们就能够从其否定性方面寻找某些理由来拒绝它的劝导。既然对"如此行为"可能作出"应该"或"不应该"的承诺,那么"应该"或"不应该"就无法构成一种有效的判定,而当提问"是否应该如此行为"或者对某种劝导提出怀疑的时候,重要的并不是给出一个更具普遍性的劝导,而在于引向某种能够摆脱可疑性的结果。

局限于"应该"(ought to be)这一层次必定从根本上削弱伦理问题的意义,而且最终使伦理学失去根据。其原因是,如果把伦理学的基本观念看作是最高的劝导,那么这种观念便是一种要求被倾听的声音,这种声音无法保证人们一定会去倾听。对它的倾听取决于它是不是合意的,而不是因为它是不可怀疑的。既然任一劝导都弱于怀疑态度，那么如果声称一种劝导是足够基本的，它就一定是无根的。这种无根性充分表现为：任何一种"应该"都有可能是不应该。于是，信仰或意识形态的危机实际上是自然而然的，无论是上帝死了还是尼采死了都与生活的根本无关。"应该"这一空间是如此狭窄以至于不足以提供给生活立足之地。其实，任一规范都只是人类生活中的权宜之计，尽管在事实上规范是必需的，但在价值上却不值得尊重。偷窃之所以不可取，表面上是因为这种行为违反了规范，但在实质上却是因为它是人性丑恶的表现。

规范伦理学的工作并不是无意义，而是无根的，也就是说，无论我们给出什么更高层次的劝导形式，它仍然弱于怀疑态度的力量。只要保留着劝导形式就无法克服这一遗传性的弱点。因此，规范伦理学的推进是有限的，这个有限性来自两个失误：（1）方法上的失误。于是我们必须找到一种强于怀疑态度的思想方式，即哲学性的无立场批判。由于这种批判是无立场的，就只能通过发现明证（evidence）以作出判定。（2）主题的失误。我们必须打破 ought to be 的限制，因为 ought to be 不能说明自身，它只是意向性的，而意向活动必须以存在论事实为前提，意向性问题的意义受制于存在论问题的意义。于是，规范问题的解决在于存在论的解决，伦理学的主题最终不可避免地是一个存在论的主题。

2. 并非还原为"to be"

伦理学主题的存在论化并不意味着由此产生的存在论问题可以借助知识论来解决。有不少伦理学家的确企图求助于知识论，这很可能是由于对科学方法期望过高。实际上，如果以知识论的态度对待生活事实，那么所谓伦理学至多是对这种事实的描述，正如维特根斯坦所发现的：描述根本上尚未触及生活的问题。当然，我们不能因为描述无法解答伦理学问题就放弃伦理学问题。描述的局限性根本不是放弃伦理学问题的理由，在这里并不存在必然关系。维特根斯坦对伦理学的消极怀疑是无效的。维特根斯坦似乎想说，伦理学是不可能的，但对人们的伦理冲动仍然应该给以尊重。为什么要尊重伦理冲动？尊重哪些伦理冲动？显然，这些问题恰好都是伦理学问题。维特根斯坦曾经断言：有意义的问题必须是能够有答案的问题。可是关键在于，在何种意义上什么可以被看作是一个答案？事实上我们不可能无条件地知道一个问题是否有答案，除非把某种东西定义为答案。可是这并不能阻止我们有另一种方式来定义答案。所以我宁愿说，任何一个问题都有答案，但是问题与答案之间必须存在有意义的关系。如果说一个问题是无意义的，那就权当这个问题的提问方式暗示着一个寻求答案的不恰当方向，就像说"我到底应该相信基督还是相信佛陀？"或"我是应该去贪污还是去诈骗？"，这类问题的荒谬之处在于它非法暗示着仅此两种选择，就好像不可能有别的选择一样。上述例子的荒谬是显而易见的。可是一旦遇到理论问题，即使其荒谬性质与上述例子完全相同，也似乎不易看出其荒谬性。

伦理学问题通常被认为要么是一个 ought to be 的问题，要么是一个 to be 的问题。凭什么要局限于这两种选择呢？这种盲目性虽然难以理解但却经常可见。无论是固执于 ought to be 还是 to be，或者干脆像维特根斯坦那样否认伦理学的可能性，这些方式都来自我们所说的那种盲目性。

虽然伦理学不是一种劝导，但也不是以现实作为问题，不是为了做出存在或不存在的判定，而是以存在的未来性为提问对象，并就接受不接受某种存在的未来性做出决定。生活事实的特殊性就在于它的未来性不是自然运行的结果,而是人类设计的结果,所以伦理学问题关涉的不是存在现成性而是未来性,而对于人类生活而言,现实只是未来的一个必要条件而非充分条件。因此,我们本来就不能指望通过事实描述或还原来说明伦理学问题。

当然这并不是说伦理学是一种对现实的批判,否则无非是由 to be 又回到 ought to be。尽管凡是现实的都是令人不满的,但对现实的批判或者说 ought to be 的主题永远只是伦理学中的次要问题,甚至是边缘的伴随性问题。伦理学与愤怒、逆反、孤立、绝望等激进主义和存在主义的情绪无关。感情用事是好的生活态度,但却是坏的理论态度(这两者经常被颠倒使用,其危害就像当某人需要实际帮助时我们给他以同情,而当他要独立行事时我们却又插手)。一种真正有意义的伦理学在分析问题时是现实主义的,但在表达启示时则是理想主义的。

存在于现实中并关怀存在的未来性,这就是伦理学的意义所在。正因为生活事实是一种特殊的事实,它所蕴涵的问题便是单纯的 to be 格式所无法完全容纳的,或者说,生活事实与世界事实不同,它是由人的意志所控制的行为,这一点使得生活事实不像世界事实那样只是一个被给予的事实(the given fact),而是一个给予性的事实(the fact of giving),它具有比现实性更多的性质。这种多出来的性质就是生活的建设性。显然建设性是生活事实的特色,因此建设性是生活事实最根本的性质。建设性当然是面向未来的,但生活的未来性并不意味着某种尚未实现但却被预见的未来生活。现实是未来的土地,但这一土地并没有规定种植什么,它只是允许种植。所以,对存在的未来性的关切无法还原为现实存在的问题。这里有个微妙的问题:我们毕竟不能脱离 to be 去思考生活问题,但又不能局限于 to be，因此只有放弃知识论态度，代之以另一种态度去对待生活事实这一特殊的存在论事实，才能发现其中那种具有特殊意义的存在论问题，即那种由 to be 走出 to be 的问题。在此，知识论态度将置换为目的论态度。

To be 和 ought to be 这种断裂性的区分实际上离间了生活事实，这一区分造成了两种同样难以接受的结果：在 to be 框架中的伦理学把人看成了机器，这是一种背叛了生活的伦理学，它根本没有涉及伦理学问题；在 ought to be 框架中的伦理学把人看成罪人，这是一种压迫生活的伦理学，它在任何意义上都弱于怀疑态度。

走另一条路，一条尊重生活的路！这是有意义的伦理学的唯一选择！

3. 为了生活而不是为了社会

伦理学在根本上是为了生活的，这一点本来是显而易见的，因为人的行为当然是为了构成某种生活。但是随着社会日益发达，人们变得很容易在生活中遗忘生活，甚至在生活中丑化生活。这在伦理学中表现为在面对生活事实时使用社会观点而不是使用生活观点。这一说法可能有些唐突，所以有必要对此进行解释。

虽然生活事实总是社会性的，或至少是与社会性相关的，但伦理学并非是一种服务于社会的研究，而是一种服务于生活的批判。社会只是生活的必要手段，生活本身的质量才是生活的目的。在社会机制中生活决不意味着为了社会机制而生活。为了社会机制而生活，生活就会变得麻木或虚伪，而且终将不幸福。因为这样的生活违背了生活的本意，使生活失去了它本来的目的（telos）。在此我以目的论态度说出 telos 这一概念，是为了指明这种目的是属于生活整体的目的，即本意。一个具体行为目的只是它的目标，一个目标总是可以有结局的，除非缺乏机会和条件，但在理论上，我们不难设想所有的目标都是能够达到的。而本意性的目的在生活中是永远不会有结局的，它只能在生活中体现而不能最终达到。无论是个人生活还是人类整体的生活都无法达到这一目的，只能是永远在追求它。能够称为 telos 的追求只能是生活的永恒事业，或者是人类共同的事业，或者是每一个人都追求的事业，即那些构成幸福生活的必要条件。比如说，艺术和自然的美，它是人类永远在追求的东西，并且是人类始终给予保持的东西。既不能最终完成又永远被追求的东西就是 telos，而那种一旦达到也就被消费掉的目标则属于具体行为，例如一顿饱餐、一笔巨款或一个高职位，这种具体行为的目的一旦被达到，它作为目标就被消费掉，这一具体目标就不再是目标了。

社会是达到秩序和福利的手段。在具体行为中有可能把社会当作目的，但却不是生活本意性的目的。尽管生活总是需要社会这一形式，但却不是为了服务于社会。恰恰相反，社会必须服务于生活。为社会而进行社会活动是背叛生活的不幸行为。令人遗憾的是，伦理学理论尽管不是故意遗忘生活但却往往深陷于社会观点之中。以社会观点看问题的伦理学与其说它关心人类的生活，还不如说它是希望以社会的观点限定生活，希望把生活规定为某种社会中的生活。如果这样，生活就萎缩成为属于某种社会的生活。虽然一个好的社会与好的生活往往是一致的，但好社会并不是好生活的目的，相反，好生活必定是好社会的目的。由此不难看出，由生活的角度去看问题与由社会的角度去看问题颇为不同，而且将导致不同的结果。既然伦理学是一种哲学反思，它就必定要从最根本处着眼。哲学保留了人类在任何一种意识形态之外进行反思的权力，使得人类保持着超越盲目和偏见的能力，从而免于彻底的思想病态和由此带来的无可救药的灾难。例如，极端的社会激进主义和庸俗的公民社会都是人类生活的大灾难，它们以不同的方式使得生活屈从于一种并且仅仅一种社会意识形态、趣味和价值。伦理学关心的是有社会的生活而不是有生活的社会，后者是政治、法律、经济学和社会学的主题。政治或法律之类的科学所考虑的是社会机制的运作效力，然而一个高效的社会并不必然有良好的生活。伦理学，作为一种为生活着想的研究，理所当然是所有为社会着想的研究的元理论。政治、法律以及一切关于社会的观点的最终根据必须由伦理学来给出。凡是与社会观点缺乏距离感的"伦理学"都是反对生活的理论，它们总是劝导每一个人去过"标准"的生活，即他人的生活，这正是使生活变得没有意义的最主要原因。

当然，这里对一般伦理学的批判仅仅是警告性的。大多数伦理学理论实际上是相当温和的，但这种温和往往掩盖着错误的倾向。作为伦理学中最主要的一个思路，功利主义正是以一种比生活观点狭窄得多的社会观点去看问题，结果使得其理论太像是一种社会策略。康德式的绝对主义虽然表面上不像社会观点，但实质上却企图充当更高的普遍有效的社会观点，因为它力图给出能够作为普遍立法的人际原则和态度。我并不是反对社会观点本身，而是反对社会观点的使用方式。一种恰当的社会观点必须是生活观点的结果而不是相反。社会观点是西方哲学中的两个根本教条之一（另一个与此相关的教条是支配着知识论和存在论的"世界意识"）。西方哲学在伦理学中以社会问题而非生活问题为核心，就像它关注世界的存在论问题却不去关注观念界的存在论问题，同样都只关注"实在"而没有关注到"成为存在"。后者被相信属于神，因而未能形成问题。

因为上帝存在，所以人生来有罪，因此生活注定是走向属于神的目的的手段；因为上帝死了，所以人无所依靠，因此生活失去了目的。正因为后者暗中把前者看作一个前提，才会产生后者的所谓问题。以宗教为普遍意识背景的伦理学至多是一种劝导，它无法构成关于生活的普遍领会，因为"可能生活"和"可能世界"同样是多种多样的，绝不仅限于某一种意识形态。

其实，无论是西方还是中国的早期哲学（古希腊、先秦）在伦理学中都是倾向于生活观点的（尽管不彻底），至少是力图从生活观点来引出社会观点。但是后来它们却以不同的方式背离了生活的思路。中国式的背离是由于为社会着想而使伦理学庸俗化，从而形成一套规范体系（所谓纲常）；西式的背离则比较具有戏剧性：颇得人心的宗教呼唤本来是来自对生活的关注，但却又把最高的目的和光荣都归于神，其结果恰恰形成了对生活观点的背离，那些本来需要反思和批判的生活问题终止于对神的信仰中。后来所谓的"上帝死了"带来的危机其实并非生活问题中必然的困境，它只是属于某种意识形态的危机。无论是中国式的哲学沦落还是西方式的哲学自缚，其共同结果是使伦理学失去了与生活一致的活力，反倒具有了与社会一致的焦躁。社会观点与规范伦理学是相辅相成的，规范批判的任何一种立场的思想性力量都弱于怀疑态度。我们总能怀疑一种立场，除非我们宁愿服从兴趣而不想寻求思想的意义，如果服从了兴趣，伦理批判也就变成无所谓的了。一种无反思的生活可能碰巧是一种好生活，但无反思的思想则不会有这样的好运气，无反思本身就是一个严重的思想缺陷。

在伦理问题上显示出生活热情的思想很少来自伦理学家而往往来自所谓的"诗人哲学家"和纯正的哲学家——以哲学作为思想方式而不是把哲学作为某种理论工具的人。在"诗人哲学家"那里，时常可以听到既不属于经典规范（传统）也不属于当时规范（时尚）的来自生活直观的呼声。除了古希腊和先秦的哲学家，海德格尔是一个可能对伦理学的现代发展具有深刻影响的哲学家。从表面上看，海德格尔并没有认真地讨论伦理学，他的主题是人的存在，这一特殊的存在论主题实际上暗示着一条通向伦理学之路。当然，这一方向仍然是朦胧的、不确定的。其根本原因是海德格尔在看待人的状况时只是进入情感化觉悟这一层次（尽管是非常深刻的存在论情感）。这不是一个错误而是局限性，我们所需要的是更为实质的东西。情感层次只是表面性的层次，它显露出种种真实的东西。这种表现性的显露把我们所能触及的东西摆了出来，但却无法在真实的东西中指明根本的东西，无法在所能触及的东西中指明所能根据的东西，因为显露活动不具有这种功能。

对生活这种存在方式的理解不在于理解情感经验，而在于理解情感经验所依据的东西，这就像对艺术品的理解不在于获得如此这般的经验，而在于通过这种经验对艺术品的创造性方式获得理解。伦理学的工作（和美学一样）属于后者，即对生活的创造性方式的理解。

4. Autotelicity（自成目的性）

维特根斯坦曾经非常正确地指出，伦理学的问题其实应该是"生活的意义"或者说"什么使生活值得生活"（参见其《伦理学讲演》）。但他自己马上又破坏了这一问题，他消极地认为，虽然人类的伦理冲动值得尊重，但毕竟指向高于人的领域，因而超出了思想的能力。这恰好表现出西方传统的一个局限性。把最高目的归属于高于人的领域,这是一个缺乏理由和明证的假设,既缺乏逻辑上的必然性也缺乏存在论的明证。当然我们可以甚至很乐意设想高于人的"更高的"目的,但这与伦理学无关而纯属另一种问题,因为"更高的东西"既然不属于人的生活,那么就无法解释生活,反而是应该由生活来解释为什么假设更高的目的是有意义的。因此,所谓更高的目的并不是一个生活的问题,而是一个思想上的问题,如果把两个不同领域中的事情混为一谈,就会产生诸如此类并不必然的困惑。

以某种意识形态来限制思想,其结果就是只能看到某一种生活而无法看到生活本身。生活本身向多种"可能生活"敞开,就像思想向多种"可能生活"敞开一样。生活无需以高于人的目的为目的,这并不意味着生活的意义会成为困惑。我们不可能提问生活是否有意义:假如一个人愿意生活,那么他已经肯定了生活有意义,他关于生活意义的提问只能是提问生活意义是什么,他对生活的犹豫不决仍然表明他对生活意义的肯定;假如一个人决心放弃生活,那么他已经否定了生活的意义,至少是否定了他个人生活的意义。生活与生命是不同的概念,放弃生命的行为恰好是一个生活行为,而放弃生活几乎意味着某人在愿意放弃个人生命的同时还愿意每个人都放弃生命,这种想法与伦理学无关,因为对于这种想法,一切都没有意义。所以,生活意义是伦理学的存在论前提,伦理学只面向生活事实,无论去死还是去活都是生活事实而不是理论问题(至多是行为问题)。

既然生活事实是唯一能够利用的存在论事实,我们如何从中看出生活的目的?这一点是可能的,却是困难的,但这种困难是由不良思想习惯造成的,只要放弃司空见惯的 to be 或 ought to be 模式即可克服这一苦难。生活的目的不是在生活事实之外的东西,但也不是生活事实的个别性，因此既不能表现为超验知识也不能表现为经验知识；它是生活事实的方向性，是生活整体的运动倾向，其实，生活目的本来就在生活的努力中表现出来，如果它显示不清楚，也不是因为它本身不清楚而是因为思想不清楚。如果不从它能够显现的方式去看就必定看不清楚。

一个行为的目的可以在心理水平中被看清，即使一个"隐藏着的"行为目的也有希望在心理分析中被看清。但心理分析对于生活整体则远远不够用，生活整体的目的性不能由个别行为的目的来说明。关键之处是，生活目的不能被理解为期望去完成的某个最终目标，无论是现世现报，还是来世再报，或者天国得报的目标。设想这类最终目标就是进行一系列行为而终将获得某种结局，但任何一系列行为以及其结局都无非是生活中非常有限的一部分，而且总是并非必然出现的一部分。把某种结局看成生活目的对于生活的意义是致命的伤害，因为无论达到或没有达到这一结局都只能说明生活没有意义。把结局看成目的是极为普遍的教条，由这一教条很容易引出叔本华式的谬论：如果愿望没有实现，我们就因为不满而痛苦；如果愿望得以实现，我们就因为餍足而痛苦。这是典型的废话。假如生活必定痛苦，其必然结果决不是人们对生活失去兴趣，而至多是人们以后就认可"生活"一词的意思就是"痛苦生活"并且依然对"痛苦生活"感兴趣。生活中的痛苦确实非常多，甚至使人宁愿自杀，但这并不影响一个人对生活意义的肯定，即使有的人并非不得已而是兴高采烈地去自杀，他无非是不愿过他所过的那种生活而想象死亡能使他以另一种身份（比如说纯粹的灵魂）去过另一种生活。

生活中最主要的不幸就是误以为生活目的是某种结局，这种态度离间了生活与生活目的，使生活目的成了遥远的目标，生活也就似乎总是还没有开始。生活目的是与生活一起显现的东西，它不是遥远的目标而是与生活最接近的存在方向性，但又是永远无法完成的追求。可以说，生活目的不是某种结局而是生活本身那种具有无限容纳力的意义。如果以数学的方式来说，生活目的不是无穷集中的最大数，而是"无穷集"这一整体概念本身的性质。一个无穷集中的最大数是不能实现的存在，而"无穷集"这一概念却是明显存在着的，摆在生活面前的生活目的。生活是一种自身具有目的性的存在方式，这种目的性就是生活本身的意义，所以说生活具有autotelicity，对生活的理解只能是一种目的论的理解——一种理解autotelicity的目的论。这就是伦理学的基础部分。

5. 为了道德而不是为了伦理

既然生活的目的就是为生活本身着想，那么，追问生活的意义就是追问什么是任何一种可能生活所追求的效果。把效果看作是追问的主题，这是上述论证的结果，因为生活目的不可能是某种结局所以只能是生活的某种效果。这一效果其实就是每个人都知道的"幸福"。幸福的表现方式是心理性的幸福感。要把幸福感描述为一些明确的指标是不可能的，而且无意义。幸福感是不可说的，尽管每个人的经验中都很容易分辨它，对于不可说的只能沉默（维特根斯坦的箴言在此有效），重要的却是，通向不可说的东西的方式是可说的，而且关于这一方式的问题才是真正有意义的问题。于是，对幸福的追问转换成对获得幸福的方式的追问。

由于伦理学错误地把幸福看成是某种行为的目的或结果，于是幸福看上去就像是利益，伦理规范也就好像成了伦理学的主题。无论是表述为"应该"还是"不应该"的句型，规范的功能都是禁令性的，是为了使人们在利益之争中做出某些让步以保证能够各自获得某些利益。可是如果伦理学只是为了给出更合理的规范，那么它就是多余的，因为宗教、政治、经济学和社会学比伦理学更能给出有效的规范。即使伦理学在给出规范中独有建树，也无非是一些技术性的策略，其作用类似于逻辑的形式原则。逻辑的形式原则如果是有意义的，当且仅当人类思想另有方法去获取有意义的命题来充当前提。同样，以伦理规范对利益进行分配如果是有意义的，当且仅当人类生活本身是有意义的，所以规范伦理学在伦理学中并不是根本性的部分。

生活目的表现为人们所企求的东西，这一点很容易获得共识。问题在于解释什么是所企求的东西中具有决定性意义的东西，即人们义无反顾、求而不舍的，而且如果求而不可得则死不甘心的东西。显然，利益只是浮动于表面的企求，比如说金钱，它在有的情况下有用而在有的情况下则无用。凡是利益都是有条件的、偶然的、不确定的企求，它不足以使生活成为有意义的或者说幸福的。但是假如一个十足的财迷除了金钱别无所求，但他总是如愿以偿（感谢上帝），我们又将作何解释呢？他的不幸当然不在于别人都觉得他可笑（他人的观点不是证明），而在于他根本没有生活，自然也就无所谓生活的意义，因为人类特有的生活和幸福都发生于人与人的关系中，而那个财迷只拥有一个非人的世界而并不拥有人的世界，也就不拥有任何一种人的可能生活。这种财迷似乎可以描述为"在一个物质世界中存在着某个生物，它具有人的生理现象"。在现实中几乎没有如此极端的人，但程度上的差异足以说明问题。只要以利益来解释生活目的就可以导出无数种荒谬的结果。叔本华关于痛苦人生的谬论恰好是利益观点的一个结果。无论是热衷于利益还是超越生活的宗教企图都是基于利益观点这一共同的荒谬前提之上的。

获得幸福的生活方式是得道而不是得利,或者说,幸福不是由利而是由道而德(得),在这里我只在原本意义上使用"道德"这一概念。长期以来,"道德"与"伦理"这两个概念被混为一谈,至少是缺乏本质上的区分。其实老子早就敏感地察觉到了这两个层次的本质差异,所以他主张遵从道的生活而反对遵从礼教的生活。虽然老子的取舍有些过火,但我们至少必须明确这两个层次的地位。"伦理"表明的是社会规范的性质,而"道德"表明的却是生活本意的性质。"道德"是一个存在论概念,是一个作为伦理学基础的特殊的存在论概念。道是存在方式(the way of being),由于伦理学只涉及人生,所以在此道即人道。道是存在方式之目的性(what the way of being is meant for)。由此可见,伦理是moral,是生活中的策略,而道德——作为生活的本意——则是amoral。Amoral是非伦理的,它区别于immoral(反伦理的)。无论如何,伦理规范是必需的,没有伦理是难以想象的,我不想否认这一事实;但却否认这是一个问题。伦理规范如果是有意义的,当且仅当存在着道德。道德问题才是伦理学的根本性问题。一个明显的理由是,伦理规范作为一些禁令,总是为了保护有意义的生活,因此,只要澄清amoral问题,就能够去解决moral层次的依据问题,而确立伦理规范知识需要依照道德要求进行技术性处理。所以,严格的伦理学只包括两个问题,一个是基础性的即amoral问题;另一个是与之相关的技术性问题,即由amoral引向moral的方式问题。具体地说,伦理学的主题是道德而不是伦理,道德主题引出两个问题,一是关于获得幸福的生活方式,另一个是由获得幸福的生活方式去澄清建立伦理规范的要求。

6. "To be" 的扩展

从道德的角度我们获得两个结果：(1) 伦理规范必须服务于道德，必须经常依照道德的要求来进行修正，所以说，伦理规范应该被遵守但却不值得被尊重。(2) 满足欲望并不一定能够达到幸福（一个人甚至可能有毁掉自己生活的欲望），道德是幸福的必要条件。从这两个结果可以看出，无论是"我应该……"（I ought to），还是"我想要……"（I am willing to）的形式，都没有理由构成我的行为或他人行为的价值判断，这两种形式仅仅描述了"我将做什么"，而无法判断"我这样做"是好的。单纯主观性或者心理性从来都是靠不住的。自己说或他人说某个行为是好的，这只意味着说出价值判断的方式，而不包含价值判断的根据。企图以主观性作为理论的起点——不管其动机是什么——必定导出相对主义的结果。相对主义所以不成立，是因为（1）如果相对主义原则是一个普遍原则，那么这一原则本身也只能被相对地理解，从而失去意义。（2）相对主义原则蕴含任何一种罪恶的可能性。因为相对主义具有这样的缺陷，所以伦理学通常愿意避免相对主义。可是，避免相对主义与把"我应该"或"我意愿"当成价值决断恰好是矛盾的。

问题在于"我应该……"或"我意愿……"这类语句是自诩语句。自诩语句实际上是一种包含自相关（不良循环）意义的语句，它等于声称：我如此行为是好的，因为我如此行为。"我如此行为"既被当作判断的对象又被当作判断的根据，其逻辑结论只能是任何一个行为都是好的，这显然是毫无意义的结果。特别值得注意的是，即使把"我"这种个体性主语置换成集体性主语诸如"最大多数人"之类,仍然是无意义的。尽管一些伦理学理论倾向于用集体主观性代替个体主观性,但却同样具有相对主义的全部缺陷。这两种形式分别是独裁暴政和民主暴政的基础。

克服自诩语句的根本方法是把主观性语句替换成普遍的客观概念,变成"生活意味着……"。由于人的存在是特殊的存在,所以,生活的实质不能仅仅由 to be 来表达,而只能在 to be 的扩展式中来表达,于是,生活的存在论句型便是 to be meant to be。生活的伦理学句型相应就是 life is meant to be。而 I ought to be 之类的句型则成为伦理学中的次要句型,可以说,它并不表明问题而只表明解决问题之后的某种结果。

在"生活意味着……"这样的句型中也包含着价值判断成分,但却避免了不良循环。价值这一概念向来很含糊,它无疑是多义的,但其实可以分析为两个类型:(1)关系型。在关系型中,某一事物是有价值的,当且仅当它满足某种主观需求或约定规范。(2)自足型。在自足型中,某一事物是有价值的,当且仅当它能够实现其自身的目的。类型(2)更为重要,因为几乎所有永恒性价值都属于类型(2),而类型(1)的价值总是消费性的,不确定性的。

伦理学语句往往具有双重意义,即陈述性意义和所暗含的价值判断意义。如果一个语句的陈述性意义为真,则它所暗含的价值判断意义足够有效,那么,它所断言的价值是自足的;如果一个语句的陈述性意义为真却不足以构成其价值判断意义的根据,那么,它所断言的价值是不自足的。显然只有自足型的价值能够充当基本价值。"生活意味着……"这种句型所包含的价值判断是自足的,因为生活只要实现其自身所意味着的目的就是有价值的,它不再需要外在的或更高的标准。

从这一点可以看出,一个有效的价值判断不可能超越 to be,

但又不可以局限于 to be，而只能表现在 to be 的扩展式中，确切地说，价值判断的最终有效性表现在 to be 自身的目的性之中，因为不可能有一种高于存在论的根据。所以诸如 ought to be 或 willing to be 之类的判断形式无法充当伦理学的基本形式。只有在 to be 的扩展式中才能显示出 to be 所可能包含的实质性意义（to be 本身是空洞的）。从一种比较简单的角度来看，自然存在的实质仍然是 to be，生物存在的实质则是 to be 并且表现为 to live（生存），人的存在的实质则是 to be 并且 to live 还表现为 to create（创造）。不难看出，to be 的丰富性可以由实质分析而被揭示。显然，创造是人的存在实质中具有唯一特色的目的，因此它是一个伦理学意义上的目的。

7. 可能生活

从前面的一系列分析获得这样一些结论：伦理学以生活的根本问题为主题；生活的根本问题是生活本意或者说生活本身的目的；生活本意在于创造幸福感。无论是去活、去死、去谋利益，还是去牺牲，都是因为我们觉得这样做比不这样做更有意义，许多人（也许每一个人）都放弃着一些快乐，但没有一个人愿意牺牲幸福，因为这使自己的生活变得毫无意义。一个人如果为了幸福而放弃许多快乐，他一定不会觉得自己很不幸，如果一个人放弃种种快乐而觉得自己很不幸，那么其原因不是失掉快乐而是没有获得幸福。不存在高于幸福的行为借口。

幸福只是一种感受，就像冷热感觉一样，明确但不可分析，关于幸福的问题其实是生活方式的问题，即什么生活方式是有意义的，因为有意义的生活必定引起幸福感。按照惯常的思路，这个问题很容易卷入一种循环论证：一方面，生活方式是可以选择的，于是，一种生活方式是有意义的，当且仅当我选择了它；另一方面，我之所以选择了这种生活方式，正因为它是有意义的。但是这一循环并非真正逻辑意义上的循环，第一方面的论据是心理主义的，第二方面的论据则是规范观点的。因此，这一循环所表明的不仅是其论证方式的无效性，而且表明了两种论据都很容易被怀疑。所以我们必须注意到，生活首先是一个存在论事实，在它的存在论问题被阐明之前，任何断言都将是没有根据的。唯一正当的方式是仅限于以生活这一存论事实所能分析出来的东西作为根据。

以下两种明证是至关重要的：

（1）存在着的人的每一种生活功能都意味着一种可能生活，这种可能生活是功能的目的性。如果某种可能生活没有被实现，便意味着某种程度的生活匮乏。于是，尽可能实现各种可能生活是幸福生活的一个条件。例如，友情是一种可能生活，假如有一个人主观上宁愿没有友情而只想领导所有人，那么他将无可反驳地陷入生活匮乏状态而缺少一种幸福。

（2）生活功能意味着可能生活而不是现成生活，这一事实表明人的生活是创造性的，如果否认这一点就等于说人只有和动物一样的生存功能。生存功能（如吃喝）只能保证良好的生存状态而不能保证幸福生活。构成幸福生活的种种因素只能是一个人所创造的永恒的意义性环境。所有幸福都来自创造性生活，重复性活动只是生存，而生存只是一个自然过程，无所谓幸福还是不幸。诸如爱情、友谊、艺术和真理都是人类最富创造性的成就，它们都以意义性的方式存在，所以永恒，所以不被消费掉。所有能够消费掉的东西，无论是物质还是欲望——让叔本华不幸言中——都只能带来痛苦，因为它们一旦被消费掉，生活就结束了。从某种意义上说，幸福生活简单到等于拥有生活。于是，创造性行为是幸福生活的另一条件。

幸福是在生活中健全生活的感受，是全部生活行为追求的状态而不是结局，所以永恒性是幸福的一个特征。例如两个有过爱情的人终于分手，这种爱情将仍然作为一种生活意义存在于永恒的意义性生活环境中，而一种没有爱情的男女关系一旦结束，其意义立刻从生活中消失。另外，幸福是一种行为的活动过程本身就能够产生的感受，否则就只不过是必须付出痛苦的代价去获得的利益，所以直接性是幸福的另一个特征。例如给朋友以支持，这一行为本身就能直接产生幸福感，而即使以事半功倍的方式如贪污诈骗去谋取巨款，也仍然付出了令人沮丧而且危险的努力。为了满足这两个条件，产生幸福的行为只能是具有自成目的性的活动，这种活动就其本身而言是无代价的，因为这种活动本身就是该活动的成就。于是，幸福的行为就是广义的创造性行为，即具有给予性的行为。爱情的幸福主要来自向情人给出爱，艺术活动的幸福主要来自向人们给出一种新的经验维度，等等。即使这些行为在功利意义上得不到报偿（这当然是痛苦的），它们也已经产生出生活的意义。由于幸福的行为是创造性的，我们不难引出另一个相关的结果：幸福是无可争夺的，没有所谓的分配问题，生活空间是在创造性行为之中被开拓出来的而且可以不断被开拓。与此相反，在利益上才有争夺和分配的问题，因为生存空间不是被创造出来的，而是现成的事实。在此可以看出"公正"的真正根据：在功利层次上我们根本无法为公正找到必然根据，相反，从利益争夺这一事实中所能引出的逻辑结论恰好是希特勒式的，即应该不遗余力地争夺个人、国家和民族的生存空间，而且，公正和善必定会在尼采式的批判中被看成是弱者的伦理态度，所以，只有在生活本意层次上才能发现生存空间的争夺之所以必须在公正原则下受到约束，是因为这种争夺损害了每一个人进行幸福行为的机会和条件，从而损害了每一个人的部分或全部生活意义。可以说，遵守公正的规范其实是无所谓善恶的中性行为，而建立公正的规范才是具有道德意义的行为。生活是一个比生存更大的概念。生存是为了生活，但生活却不是为了生存。

8. 新目的论的维度

在知识论中，我们寻找的那种具有决定性意义的东西是能够作为知识基础的因素。在伦理学中，具有决定性意义的却不是基础性的事实，而是在事实中被追求的目的。在宗教中，具有决定性意义的则是在事实之外更高的东西。伦理学的各种错误都根源于或者以知识论或者以宗教的态度去对待生活问题。科学和宗教这两个伦理学的歧途都引向从根本上损害生活问题的世界问题。科学态度企图把生活变成无精神性的世界事务；宗教态度则企图把生活处理成通向超验世界的手段。其恶果是使得生活问题好像是一个选择世界的问题，于是生活也就不可能是有意义的，因为使得生活具有意义的世界一定是某个仅仅作为理想的可能世界。麻木不仁或者永远等待拯救，这些都是源于把世界问题当成生活问题。

生活问题关心的是生活本身。尽善尽美的各种理想包括世界的理想对于生活无疑是非常重要的，然而，一个可能世界如果对于生活是有意义的，当且仅当它是有意义的生活所接受的一个理想。这就是说，有意义的生活是任何一个有意义的可能世界的存在论前提，生活的意义存在于生活本身之中而不是之外，这是一个无法怀疑的真理。可以这样证明：假设生活的意义存在于生活之外某个理想的可能世界中，那么生活本身就没有意义；又既然这个理想的可能世界在生活中不存在，那么，它的意义就是在生活中所不能触及的东西所以也就不存在，于是，如果把生活的意义归属于生活之外的可能世界，就等于在任何一种意义上否认了生活的意义。很显然，伦理学的问题不属于世界问题而是生活问题，它关心的不是可能世界而是可能生活，即生活的方式。所以，一切社会学性的、宗教性的、心理学性的伦理学在思想上都是无根的，都只是弱于怀疑论的某种劝告。

新目的论伦理学的思想可以简述为：

（1）悬搁一切关于世界的理想（无论是"更好的"社会或天国）。一个理想世界当然是人们的愿望，但不是生活意义的根据，恰恰相反，理想世界根据着生活意义。

（2）生活必定具有自成目的性，因为生活是绝对直接的存在论事实。不可能有高于生活的目的，因为不可能通过生活去超越生活。

（3）生活的意义在于创造可能生活。如果一种可能生活具有自成目的性，那么它必定是生活意义的一种显示方式。

（4）幸福不是来自某种行为的结果或者动机，而是来自能够创造出具有自成目的性的可能生活的行为方式。幸福生活与有意义的生活是同一的。

（5）在伦理学中，ought to be 或 to be 如果被当成是根本形式，那么前者产生神话而后者导致谬论，而且都是无根的，它们至多用来解释社会性的利益争夺和让步性分配而不能够解释幸福，或者说，诸如正义或权利等问题如果不以生活意义问题为前提，则是无意义的。所以，伦理学的根本观念只能在一种由存在论引出的目的论形式中来表述，即 to be meant to be。

（6）给出劝告就意味着所劝告的东西仅仅是劝告，而不是普遍有效的原则。伦理学不是去劝告人们应该过哪一种生活，而是揭示人们本来能够拥有哪一些美好的可能生活。

第 1 章

问 题

1. 我是否应该……

人们经常理直气壮地说：你应该这样这样或你应该那样那样。这种充满自信的规劝对于受过长期社会教育而已经习惯各种规范的人来说，几乎具有一种不言而喻的说服力，尤其是如果当所给出的规劝是所谓的金科玉律的话。许多心理学家和教育家似乎相信，通过被假定为恰当的教育，人们就会被训练为遵守规范的人，也就具有了良好的品质。可是，那种理直气壮的规劝对于那些善于反思并且富有怀疑精神的人则很可能失去效力，他们不会因为传统、风尚或权威的力量而承认某种规范，除非能够给出铁的事实或足够的理由。对规范的怀疑并不意味着凡是规范都予以反对，事实上我们确实需要一些规范，而且我们所公认的一些规范的确值得维护，问题在于，我们不能仅仅因为规范是规范就给予肯定，或者说，我们不能用规范来定义道德价值，相反，规范总是表面的，它们是被决定的，非基本的。仅仅通过规范，我们对道德仍然一无所知。

规范就是通过"应该"（ought to be）这一形式表达出来的行为规则。"应该"这一形式的严肃性本身似乎造成一种语重心长的影响力。然而，"应该"这一形式并不能构成对一个规范的可接受性的证明,相反,是否应该做某件事总是需要理由的,人们总可以追问"为什么应该……"。史蒂文森《伦理学和语言》(1944)的一个有趣看法是,伦理语句实际上是在鼓励别人赞同某种伦理规范或态度,比如说"你应该诚实"实际上意味着"我赞许诚实,你也应该赞许诚实"。当别人追问为什么时,就可以给出某个符合共同兴趣或利益的理由,比如说,假如你希望别人能相信你(这一点也是我所希望的),那么我就可以说"如果你不诚实,别人就不会信任你"。但是,由此并不能引出在伦理学上有意义的结果。以谋求一致为目的可能遇到两种情况:(1)各方的意见本来就是一致的,对此,伦理语句只不过表达了各方深有同感的某种行为方式,劝告是多余的。(2)各方由于利益不同所以意见不合,对此,伦理语句的规劝作用实际上是一种诱骗,通过编造一些诱骗性的理由来说服别人,其结果是使得别人"自愿"认同从而损害了他们本来的利益。假如伦理规劝相当于政客的骗术,那么这种规劝本身恰恰缺乏道德意义。

在此我主要不是批评"情绪理论"这一类伦理观点,而是想引向更广泛的批判,即对"为什么应该……"这种传统伦理学追问方式的批判。"为什么应该……"这种追问是为了寻找某种能够证明"应该……"的恰当理由。我们已经知道,诱骗性的理由不具有伦理价值,而且,对于头脑足够清醒的人来说,诱骗也往往达不到效果,于是,从根本上说,利益的分歧无法通过劝说被解决,而只能被掩盖,也就是各方或某方被迫做出让步。各方最初的利益冲突不是一个伦理学问题而是一个社会学问题,当各方出于共同存在的必要性而做出某种程度的让步,从而达成了意见的一致,才有可能进一步产生伦理学问题。当然,这并不意味着人们在伦理上的观点总是一致的。通过让步克服了利益冲突而达成的一致意见,这只是表明某一群体所树立的某种规范和某种伦理观点，至于这种规范或伦理观点是否普遍有效，这是另一层次的问题，即伦理学内的问题，但是至此我们尚未涉及这一层次的问题，这是因为人们意见的一致还仅仅是伦理学的入口。

假设有一个群体，其成员都对私有财产有着浓厚兴趣，于是通过让步而树立了共同的规范，比如"不许偷盗"。如果其中某个成员追问"为什么不许偷盗"，这实际上不是一个真正的问题，因为在这种情况下"为什么应该如此行为"意味着事先认可了"应该如此行为"，所以这种追问的意义在于提醒，它提醒大家记住让步的重要性并且尊重这一协议，除此之外并没有什么需要研究的问题。说出一个共同认可的规范仅仅是为了强调言行一致：一方面是自勉，另一方面是告诫，比如"不许偷盗"的意义是"既然我们认可'不许偷盗'是一条规范，那么我将决心遵守它并且你们也必须遵守它"。

显然，遵守一条规范总是以认可该规范为条件的；而认可一条规范又是以利益的一致为条件的。也可以说，利益的一致蕴含着意见的一致；而意见的一致蕴含着共同遵守某条规范。我们不能把随便一些人看成一个群体然后认为其规范是如此这般的，与此相反，一个群体是被共同利益和规范所定义的，是一致选择而形成的。自愿做某种任何意义上对自己都不利的事情是无法想象的。有的伦理理论认为伦理行为的意义在于做出某种牺牲。这种貌似崇高的说法隐约透出一种虚伪。伦理行为的确经常具有"牺牲性"，但一个人做出牺牲是因为这种牺牲是他的意愿并且使他在精神上有所收获。对自己毫无意义的牺牲决不是一种自愿的伦理行为而是受迫害。实际上，通常所说的"牺牲"只是物质上的牺牲，没有人愿意牺牲精神，所以人们对一件在物质上和精神上都不利的事情是不会感兴趣的。行为规范都为利益着想。也许有人的主观意志如此强烈，以至于感到任何一条规范对他都是一种不利的压迫，但这种主观感觉只不过是一种文学性的夸大其词，而且在事实上他肯定言行不一，因为他为了保护某些不想被破坏的利益就必得认可某些规范。虽然规范总是一方面保护了某些利益而同时却限制了另一些利益，但在本质上，规范是为了保护某些利益才不得不去限制另一些利益的，而且被保护的利益相对而言总是更为重要。无论加以什么样的粉饰，规范终归是"唯利是图"的。我们承诺"不许抢劫"是为了保护私有财产，承诺"不许说谎"是为了保护良好的交流和合作，诸如此类。

如何才能形成一条规范，这是一个只能在实践中被解决的问题。假如一定要对此进行分析，也并不需要伦理学，在这种问题上所谓的伦理学不能比社会学和心理学提供更多的解释。确切地说，对规范提问"为什么"并不是伦理学问题，因为用认可一条规范的原因去证明这一规范的正当性是无意义的，这不是证明，这其中有一个循环论证。既然认可了一条规范，所能做的事情就是盲目地遵守它，这种盲目性只能证明我们正确地（知识论意义上的）遵守了这一规范而不可能证明这一规范是正当的（伦理学意义上的）。只要认可了一条规范就终结了一个伦理实践问题。只有对规范提问"是否正当"或者说对规范采取怀疑态度时才能产生伦理学问题。只要我们愿意或觉得有必要，我们可以对任何一条规范提出疑问，比如"这样一条规范是否的确是好的"或者"我是否真的有正当理由去认可这样一条规范"。没有一条规范能够阻止怀疑，即使是一条禁止怀疑的法律，也只是禁止说出怀疑而无法禁止在思想中进行怀疑。有趣的是，当我们认可一条规范时，虽然其直接效果是终结了一个伦理实践问题，但由于我们总能对它进行怀疑，于是，对某种规范的认可又成为引出伦理学问题的一个条件。

"规范问题"与"伦理学问题"有着微妙却又重要的区别,这种区别很容易被忽视。"规范问题"所涉及的是如何通过利益上的让步来确立某种可以得到公认的规范;"伦理学问题"则考察一个规范如何才是正当的,或者说,是什么使得一个规范是正当的。如果把这两种问题混为一谈,其必然结论就是,凡是能够形成的规范都是正当的。这是一个非常危险的错误。比如说完全可以想象在某个国家确立一个公认的——因而是"正当的"——规范:只要条件允许就应该侵略另一国家。尽管许多伦理学家只喜欢讨论一些温和的例子而回避那些极端的但更具实质性的情况,但只要混同规范问题和伦理学问题,那么,无论是温和的错误还是极端的错误,其错误性质是一样的。长期以来伦理学在讨论问题时总是拘泥于小偷小摸和说谎之类比较温和的实例,这种令人同情的温和实例往往掩盖更重要的问题。如果只是为了确定规范,那么根本不需要伦理学,只需强权、让步或诈骗就足够了。然而人们不仅希望有秩序地生活,而且更希望有好生活,尽管好生活通常是有秩序的,但仅仅是秩序远不足以造成好生活。众所周知,专制社会也可以提供有秩序的生活,但它不是好生活。伦理学和哲学其他分支一样都是反思性的,它不是规范的宣传者和制定者,而是批判者,伦理学只能完全置身于规范之外才能对规范进行批判。所以,没有一条伦理学原则是一条规范。

问题在于,确立一条规范是技术性问题,批判一条规范则是价值判定问题,二者产生的结果完全不同。一条规范表达为规劝性语句"你应该如此行为",而规范批判却表达为评价性语句"这个规范是好的"。在我们的日常习惯中有一种不良暗示,即"你应该如此行为"好像意味着"你应该如此行为,并且如此行为是好的"。

这一不良暗示主要由于"应该"这一语词给人一种语重心长的感觉。但假如我们心怀恶意就完全有可能语重心长地诱导某人:"你应该去偷,去抢,去杀人放火。"显然,"应该"无法蕴含"好"。"应该"以虚妄的方式非法地暗示着"好"。当说到"你应该如此行为"时,如此行为有可能是(也有可能不是)一件好事,但这件事绝非因为是"应该"的而成为好事。于是,我们可以引出一个与一般伦理学传统不同的结论:"你应该如此行为"只是一种行为的建议而不是一种价值的表达。

毫无疑问,价值问题与规范问题密切相关,但价值问题在逻辑上必须领先。既然我们出于某些价值选择去确立规范,那么我们总能对价值选择进行反思,总能提问:如此这般的选择是不是好的?我是否应该如此行为?这种优先性表明了"好"是"应该"的目的。如果我们不在乎生活是好还是坏,生活的秩序又有什么意义?如果不明白生活的目的或意义,又怎么知道什么是应该的?如果不能在"应该"之外去理解"好",那么,"应该"就是一种恐怖形式。

2. 伦理困惑

每一种伦理规范系统都漏洞百出,极不可靠。

首先,在现实中存在着行为选择的两难情况。比如说,一个杀人犯劫持一儿童为人质,并且在逃窜中继续杀人,如果警察为了制伏杀人犯而开枪,则非常有可能击伤儿童,如果为了避免击伤儿童,则无法制伏杀人犯而使更多的人受到伤害,哪一种选择更为得当?又如,一个穷人的母亲身患重病,而有效的药品极贵,并且没有人愿意给予救助，那么他应该坐视其母死去还是应该去贪污或诈骗？再如，某国X平白无故地向另一国Y发动侵略战争，X国的士兵应该为国而战还是应该反对非正义的侵略而当逃兵？诸如此类的例子数不胜数，中国古代所谓的"忠孝难两全"也属此类情况。只要是在这些特定的条件下进行选择，无论如何也不可能有完满的解决方案。这类选择的两难状况往往是文学作品所喜爱的一种主题，因为这一主题的严重性有助于增加作品的震动力。我们经常可以看到一些文学作品以虚假的乐观主义来解决这类困境——在关键时刻奇迹发生了！就好像上帝并无恶意，只是喜欢考验人，总之最后奇迹出现了，也许来了个英雄，或者歹徒自己犯了个错误，或者一个乐善好施者降临，甚至上帝亲自出马。想象奇迹并不难，但在理论上没有用。有时候的确会有奇迹，但奇迹只是情况的改变，而不是伦理上的解决，两难的性质依然存在。事实上，当人们希望有奇迹的时候，就表明了这种情况在伦理上是无法决断的。

也许会有"比较合理"的解决？尽管并不完满？于是我们就必须认为某种规范比另一种规范更为重要，这样才能勉强做出选择。但是这样又卷入了解释的困难。解释包含着更复杂更广泛的困难。要把一条规范看成明显地比另一条规范更重要，这是很难确定的，事实上正是因为本来就几乎无法比较其重要性才会导致选择两难。即使给出一些解释性的规范，这些规范又很可能需要解释，那么，我们到底怎样才能有效地进行解释？

其次，另一个困难是规范的应用。大多数行为规范表面上是清楚的，人们也好像能够理解其意义，但一旦投入应用就显示出其含糊性。即使是像"不应该撒谎"这样简单的规范——正如苏格拉底所讨论的——也会引出种种问题。我们应该对任何人还是对一部分人不撒谎？应该在任何情况下还是在某些情况下不撒谎？比如说，一个歹徒正在寻找他企图谋杀的人,我们大概都会倾向于撒一个谎而使歹徒扑空。当然这并不意味着另有一条规范"应该撒谎",互相矛盾的规范是不允许的。为了保证人们恰当地应用规范,这同样需要解释,同样会卷入解释的困难。

当人们对行为规范做出进一步的解释时,就会给出一些更具普遍性的规范,例如"正当的行为应该是为了最大多数人的最大幸福"。令人遗憾的是这类规范所企图表明的东西如此含糊以至于不具备有效的解释力。每一个人所理解的"最大多数人的最大幸福"很可能只是他自己所希望的幸福,如果人们意识到这种理解的主观性,就会发现解释总是不可靠的,各种解释之间的冲突绝不少于行为之间的冲突。当然,解释并非没有贡献,它至少使各种混乱更加显眼,这显然有助于真正消除这些混乱。

伦理规范系统为什么有着这些困难?

假设一个规范系统由有限多个规范 a、b、c … n 所构成,我们准备把它应用于人类行为领域,这意味着这一规范系统必须能够应付意志和利益可能造成的全部问题。我们已知这样的情况:

(1)对于意志来说,行为选择 A 和 →A(非 A)都是可能的;并且,无数种行为选择,A、B、C … 都是可能的;于是 →A、→B、→C … 也都是可能的。毫无疑问,在意志的可能选择中总会包含种种互相冲突的情况。这是逻辑上的行为可能性。

(2)对于利益来说,利益是每一个人或者某个群体中的每一成员都企图获取的,由于利益相对于欲望非常有限,所以行为冲突是难免的。这是行为的事实状态。

很显然会有这样的结果:

(1)假如规范 a、b、c … n 是普遍有效的,即具有全称约束力(比如说"不许撒谎"意味着"在任何条件下,对任何人,都不许撒谎"),并且,假如规范 a、b、c…n 是充分有效的,即它们足够应付全部行为问题,那么,a、b、c…n 之间必定存在着不相容的情况。例如,撒谎是可能的,但人们不欣赏撒谎,于是有规范"不许撒谎";帮助人是可能的而且为人们所赞许,于是有规范"应该助人"。总之,由于行为的可能性如此之多,所以需要有足够丰富的规范。而由于我们假定这些规范具有全称约束力,这些规范的约束范围在许多情况下造成冲突,此时规范实际上造成了人为的矛盾,就像对于某个有心理障碍的人,只有对他撒谎才能使他避免做蠢事,于是为了帮助他就不得不撒谎。显然,为了消除不相容性,就必须对规范系统做出修正。

(2)假如规范 a、b、c…n 具有全称约束力,而且是相容的,那么,a、b、c…n 肯定并非充分有效,或者说,对于行为的可能性来说,这组规范是不够丰富的。很显然,当只选择相容的规范来作为规范,就不得不舍弃大量的规范,结果当然失去对行为各种可能情况的充分应付力。事实上,要构造一个相容的伦理规范系统,哪怕只包含非常少的规范,总是很困难的——除非只包含一条规范。假设我们只认可两条规范"不许撒谎"和"不许杀人",其他事情都不在乎,即使如此仍然很难使之相容,比如说在杀人犯追寻某人时我们还是倾向于违背"不许撒谎"的规范。不过这不是关键问题,重要的是,即使我们有着非凡的想象力以至于能够构造出相容的规范系统,它也一定是非常贫乏而且根本上是无用的。看来问题出在全称约束力这一非分要求上。为了能够处理全部行为问题,规范系统的丰富性是不可牺牲的。

(3)假如把规范的全称约束力减弱为部分约束力,使得规范 a、b、c…n 只意味着"在某些条件下,对某些人有效",那么规范系统的相容性和充分性都不成问题。但是,这一系统却又不得不卷入另一种困难，即解释的困难。于是，我们必须引入规范a'、b'、c'...n'来解释在什么样的条件对什么人来说a、b、c...n是有效的。进行这样的解释的困难，首先表现为它有着无穷倒退的危险：一个解释又需要被解释。无穷倒退等于承认所有解释都是不可靠的。为了阻止无穷倒退，人们宁愿把一些规范当成是无条件的假设，那些看上去好像是金科玉律的假设其实和无穷倒退的解释同样不可靠，同样是任意的。如果说由于行为的任意性是有害的，所以需要规范加以匡正，那么，如果对规范的解释终究是任意的，这就是无聊的重复。

事情很清楚：如果企图依靠任何一个伦理规范系统去处理人类行为问题，就不可能获得任何真正有意义的结果，因为任一伦理规范系统或者是不相容的，或者是不完备的，或者是不可靠的。把任何一个伦理规范系统当作伦理思考的既定前提，都等于在进行欺骗和自我欺骗。通常人们只注意到各种伦理规范系统之间的冲突，对这种冲突或者采取独断的态度，或者采取相对主义的态度。如何处理伦理规范系统之间的冲突仍然是一个相当表面的问题，更重要的问题是，每一个伦理规范系统都不可能是一个自身完善的系统（正如前面所证明的），于是我们必须在一个超越规范的层次上去思考伦理学问题。

人设立规范本来是为人着想的，如果只为规范着想，又如何能尊重人？规范是必需的而且应该遵守，但却不值得尊重。

3. 做事与做人

对于动物来说，"是这种动物之所是"和"做这种动物之所能做"是一致的，例如对于一条狗来说，做一条狗就是做狗所能做的事情。但对于人则不同，人不仅是其生物意义上之所是，而且是在行为中做成的。"是"一个人（to be a man）不足以表明他作为人的价值，或是他像一个人那样行事（to behave as a man does）。

做事只需符合规范，做人则必须符合人的概念。

规范是利己主义的产物，确切地说，规范至少是具有利己功能的，它总是使得某一社会共同体的成员能够保险地获得某些利益（忽视规范的利己主义性质往往源于高度文明所培养的虚伪）。由于在生存空间中存在着利益争夺，由于利益争夺是破坏性的，所以，为了保证某些更根本的利益而做出让步是必要的。规范是利己主义的让步形式，是利益的分配方式。一条规范，即便是普遍有效的金科玉律，也只是在行为上必须遵守的而不是在道德上必须尊重的。

利他的行为实际上有两个类型：一种是以自己利益为条件的，这其实是从属于利己性质的行为；另一种是以自身价值为条件的，这是出自美好心灵的行为。这两者都是"为自己着想"，但前者是自私，后者是自重。自私只是做事，而自重却是做人。

康德把有条件的行为说成是服从"假言命令"的行为，而且认为仅凭这一点就已经说明了有条件的行为都不是高尚的，而只有无条件的"绝对命令"才具有伦理的光辉。这无疑是一种宗教式的夸张。这似乎意味着人应该有某种说不清的神性（康德说不清，而且根本无法说清）。其实人的"神性"只是文学性的意象而不是理论概念，因为人事实上不是神。既然只存在着人性，那么人性一定具有足够光辉的某一方面而无须去沾神的光。无条件的绝对命令是无法想象的。自重就是做人的绝对条件。

伦理学必须由考察"做事"转向考察"做人"，否则就只是某种宗教理论、政治学说或社会主张而失去其普遍有效的哲学意义。伦理学的理论单位是"人"而不是"事"。

如果我们只是为了提倡某种宗教的、政治的、社会的主张，那么不需要哲学批判和反思就尽可以一意孤行，然后无非是失败或者成功。无论是失败还是成功都与伦理光辉无关，也与对伦理问题的澄清无关。哲学的性质根本上在于它是无立场的批判，即纯粹出自思想理由的批判，所以才能够成为人类精神活动的元判定，即最终的判定。从绝对的意义上说，哲学不利于任何一种意识形态，它使人类有着保持清醒思想的机会。

对于伦理学来说，要达到无立场的批判就必须超越对做事的规范性评价，因为这种评价所根据的规范恰好是未经批判的，而且是最需要被批判的。对做人的评判却不根据规范，尽管当我们说到"他是一个像样的人"时好像是依据某个评价人的规范。错觉来自于把"他是一个像样的人"的逻辑意义看成是：

"存在着X，使得X是一个人，并且X是像样的人。"

这是一个需要澄清的问题。

其中"X是像样的"好像独立地意味着存在某种规范来评价人。上述那种逻辑改写的意义并不足够完全，关键在于"X是一个人"的意义是含糊的，它缺少限定性条件。显然，在伦理学中我们并不是在讨论X在生理学意义上是不是一个人，而是在讨论X在伦理学意义上是不是一个人。于是可重新写成：

"存在着X，使得X是一个具有伦理学意义的人。"

原来的"X是像样的"这一部分被消除了，因为它是多余的。"具有伦理学意义的人"包含着"像样的人"这一含义。"X是一个人"也被明确为伦理人而不是生理人。原来的句子中包含一个事实判断和一个与之并列的价值评价，这种并列暗示着一个教条，即事实判断和价值评价总是各自独立生效的。但这一教条只是对无心灵的事物有效，一旦涉及人这一特殊存在就失去其有效性。人的存在不仅是存在的自然过程而且是存在的创造性过程,于是,人的存在不仅仅是 to be 的显现,而且是 to be 的各种丰富性的显现,确切地说,人的存在的根本意义不在于显现存在性,而在于显现存在的扩展性。这种存在的扩展性在一种比存在论更细致的维度中显现,但却不脱离存在论。任何事情的最终根据不可能落在存在论所允许的范围之外,存在论之外的"根据"无处存在所以是不存在的。这对价值评价也不例外。价值评价的真正根据必须从存在论中生长出来,但决不能还原为存在论,这一微妙性质在哲学中一直被忽视,从而从根本上导致了种种谬论。凡是不能从存在论中生长出来的判断或评价都注定是无根的,也就是可以被任意替换的,因而是无效的;凡是还原为一般存在论的价值判断必定漏掉许多具有决定性意义的特性,因而是非人的,也就无意义。从存在论中生长出来的价值根据只能是目的论。人有着作为人的目的,做人就是实现人的目的,一个实现着人的目的之人即道德的人,所以说,做人就是去符合人的概念。在这种目的论思路中,事实判断和价值判断的二分是没有意义的,一方面,伦理学问题与自然事实判断无关,诸如"X是如此这般的生理人""X 做出如此这般的一个行为"都是在伦理学之外就给予承认的事实;另一方面,伦理学问题也与表述主观态度的评价无关,表达主观态度甚至不是理论活动,只不过是人们每天无休止进行的最普遍不过的活动。没有一个人需要向别人学习表达主观态度。尽管伦理学命题不是事实判断,但也决不像一些伦理学理论所论述的那样只是"态度的表达"。与一切有意义的思想一样,伦理学同样揭示真理,否则伦理问题就只是一种事务而不值得被研究。任何一种真理都与存在论有关,由于伦理学所关注的存在是人这样一种特殊存在,因此在伦理学中,一般意义上的事实判断和价值判断如此密切相关,以至于共同合成为一种目的论,只有在目的论中才能揭示人的存在是怎样使存在本身成为有意义的。人的存在就是有价值地存在，这一点决定了事实与价值的一致。

也许有一点必须说明，做人与做事在事实上是同一件事情，而不是两种分别独立的事实。但做人与做事是从两种不同的观察角度观察一个事实，是一个事实的两种不同的性质，通过这两种角度我们可以看出一个事实的伦理学意义。例如，说真话是一个行为事实，但它可能是为了遵守规范，也可能是为了表现人性的光辉。

做人是伦理学最根本的维度，是做事的伦理意义的根据。如果不以做人为最终根据，那么任何一件事情都可以具有"道德价值"，因为制造一种有利于某件事情的规范或理由是很容易的，只要乐意就可以编造出种种理由。任何一条规范，就其本身而言，都只是在某种约定的条件下必须遵守的，但却不值得给予尊重：如果它与做人的要求相背则本来就不值得尊重；如果它与做人的要求相符，那么实际上我们尊重的是人性的光辉而不是规范。可以说，规范的伦理价值永远是相对的，而人性的道德价值才是绝对的；做事的价值是相对的，而做人的价值是绝对的。几乎每个人都会有这样的感觉：假设我们在进行一项正义的事业，我们的敌人所做的事正是我们所反对的，但如果他们做人的方式光明正大，则仍然会得到我们的道德上的尊重；而敌人的叛徒、逃兵和投降者却会被蔑视，尽管他们的背叛和逃跑行为在功利上符合我们正义事业的利益。这类事实说明了做人有着位于利益之外的价值。

4. 行为的理由

通过对行为描述的抽象化可以获得关于行为事实的一般模式。

假如一个人拥有几乎无障碍的行动自由，就会有一个理想的行为模式：

（1）在某人的全部可能行为（A1、A2 ... An）中，他无论如何都将选择 A1。

假如一个人拥有某种行动自由，就会有一个相对的行为模式：

（2）在某人的部分可能行为（A1、A2 ... Am）中，相比之下他将选择 A1。

当人们对这两种行为模式进行价值分析时，或者把行为选择看作是价值判断的根据，或者把某种价值观念看作是行为选择的根据。按照前者有这样的解释：

（1）如果在某人的全部可能行为 (A1、A2 ... An) 中，他无论如何都将选择 A1，那么 A1 是好的。

（2）如果在某人的部分可能行为（A1、A2 ... Am) 中，相比之下将选择 A1，那么 A1 是好的。

这种解释的困难在于，当说到"我选择 A，所以 A 是好的"时，"我"并不是做出选择的理由而只是做出选择的经手人，即使说成"大多数人都选择 A，所以 A 是好的"，大多数人同样是经手人。于是"我选择 A，所以 A 是好的"必须扩展为"根据理由 R，我选择 A，所以 A 是好的"来理解，可以看出，其中真正决定价值判断的是理由 R。这一理由的存在意味着我们有着充当价值判断根据的某种价值观念，所以只能采取第二种分析方案。

按照第二种方案有这样的解释：

A 是好的，因为 R。所以选择 A。

R 必须必然蕴含 A 是好的，否则没有意义。假如 R 是某规范 N，那么有两种可能性：（1）任意一个规范 N 都蕴含 A 是好的。这种解释没有意义，因为存在着不同甚至矛盾的各种规范。虽然人们有时候的确因为 A 符合某规范 N 而认为 A 是好的,但是只解释了一种因果关系而不是理由。(2)只是某规范 N 而不是其他规范蕴含 A 是好的。这种解释又是不彻底的,因为这一规范 N 必须被证明是好的,否则就弱于怀疑态度。显然人们必须进一步寻找证据。

有效的证据必须是必然的证据。假定我们已经对"好"的实质有所了解,至少是好像有所了解,在这种情况下,寻找证据就表现为把理由 R 解释为"A 必然导致 X",其中"X"被假定为某种明显是好的事情。于是有这样的形式:

A 是好的,因为 A 必然导致 X。

人们经常满足于这种论证,虽然这种论证并不总是出错——这很大程度上是由于人们毕竟有着某些清楚的伦理直观——但却是不可靠的,而且很容易掩盖问题。考虑这样的说法:

(1)科学的发展是好的,因为科学的发展带来社会进步。

(2)吸毒是好的,因为吸毒引起快感。

通常人们按照伦理直觉会认为(1)是正确的而(2)是荒谬的,然而这两者的形式说服力是相等的,而且(1)实际上也很可疑,比如核武器和某些生物工程的研究几乎可以说是有害的。至于(2)人们可能会反驳说:"吸毒是坏的,因为它危害健康。"但是,为一件事情举出一个坏的理由并不比为它举出一个好的理由更有力,完全可以设想吸毒者的回答:"尽管吸毒危害健康,但快感比健康更重要。"诸如此类的互相反驳无非是软弱的劝导,我们决不能把人类的道德寄托在软弱的甚至有时是有害的劝导上。所以在此应该强调规范的劝导性并不能反映道德的本性。规范只不过是某种条件下人们愿意认可的协议。

显然,上述的论证形式有着缺陷。我们需要一种更为严格的论证:

A是好的,当且仅当A必然导致X并且X必然要求A。

如果不以这种更严格的方式去进行论证,我们就没有理由去反驳诸如(2)这类谬论,因为(2)的证据"快感"显然也是好的事情。按照这一新的形式来表述(2)则有:"吸毒是好的,因为吸毒必然引起快感并且快感必然要求去吸毒。"这其中的荒谬就变得明显了:追求快感并不必然要去吸毒。

这一论证形式需要两个辅助性原则:

(1)允许附加条件原则。即允许在这一证明形式中的A和X项目上附加某些条件,从而满足这一证明形式的必然性要求。事实上,附加条件在许多情况下是必不可少的,否则将有无数行为无法理解。例如,当一个国家遭受侵略,为了捍卫国家主权和民族的荣誉,在这种条件下,牺牲许多军人的生命就成为好的。又如,出于医疗上的考虑,对某类病人注射毒品也是好的。人类的伦理实践表明,许多冠冕堂皇的几乎被公认的伦理"原则"——诸如平等、和平以及一系列人权原则等等——从来都不是无条件被执行的。真正具有绝对意义的原则肯定为数不多。规范主义者经常真糊涂或假糊涂地制造一些伪问题,诸如"死刑是否人道""堕胎是否正当"之类,或者一些妄断如"民主制是最好的政体"之类。

(2)最少附加条件原则。即这一证明形式所需要的附加条件越少,其中价值判断的道德意义就越大,或者说,所需的附加条件与价值品级成反比。这可能是符合伦理直观的。如果一个行为要成为一个好行为需要一组复杂多样的条件,例如吸毒,它肯定是一个意义相当微小非常有局限性的伦理行为,事实上它几乎只在医疗中才具有合理性,可以说,所需条件最少甚至无需任何附加条件的伦理行为就是伦理价值的最终根据。

当然,可靠的论证方式并不能完全保证断言的正确性。因此我们必须回到前面所遗留的一个问题上,即在讨论证明形式时我们事先假定人们对"好"的实质有所了解。只有在拥有先行的价值判断时才能进一步确立其他看法。上述的这种伦理论证并不是真正的价值论证,而是价值论证的一种替代方式,因为上述的论证方式其实是以事实判断替代价值判断的论证。当然,在事先假定了价值前提的情况下,这种不标准的价值论证是有效的,即当假设 X 是好的,"A 导致 X 并且 X 要求 A"这一事实就可以用来证明 A 是好的。在许多情况下人们觉得利用事实判断就能够论证某种事情的价值,这完全依赖于人们暗中有着某种价值共识,这种价值共识相当于上述的价值假设。例如我们几乎都觉得吸毒不好而且几乎都觉得吸毒危害健康是一个证据,可是这类事例并不意味着真的能够用事实来证明价值,何况这种证明方式很容易引出荒谬的结果。所以,如果行为选择的价值理由可以表达为某种事实,那么必定要以某种可靠的价值判断为前提,以使得那种充当理由的事实能够被认为是有价值的。为了使假定成为可靠的前提,我们需要一种真正的价值论证,这将在后文说明。

以上对行为理由的分析只是揭示了:

(1)行为的选择性本身并不是行为的理由。

(2)行为的理由既不是某条规范也不是某种事实。规范或者事实可能是行为选择的原因,但行为的原因至多说明了人们因为什么而这样选择,却不能说明这样选择的价值根据,所以不是行为的价值理由。

(3)规范或者事实如果能够有效地充当行为的价值理由,就必定以某种价值判断为前提,否则规范或事实不能被认为是有价值的。

很显然,传统的伦理学思考维度 ought to be(规范)和 to be(事实)其实构成不了一个真正有意义的伦理学抉择,因为这两个维度对于解决伦理学问题来说都不够彻底,而且这两个维度在行为的价值理由分析中很容易构成循环,即人们在支持某个规范时经常要寻找事实来充当证明,而在解释事实的价值时又时常引入规范来充当说明。所以,除非我们在更深的维度中发现确实可靠的价值判断,否则伦理论证将永远是一种基于假定的不标准的论证。

第 2 章

思路的改变

1. 伦理语句与伦理问题

为了使伦理学的问题明朗化,有必要对伦理语句进行分析。这其中涉及一些一直很混乱的问题。

事实表达式以 to be 为形式,价值表达式却好像有两种形式——至少通常被认为是这样的——即(A)ought to be(应该)和(B)to be good(是好的)。在(A)类型中又似乎有两种模式:(A-1),这是非伦理性的,例如"在足球赛中不许用手帮助运球"。(A-2),这是伦理性的,例如"不许撒谎"。是什么东西使得(A-1)和(A-2)具有不同性质?是什么理由使得我们觉得(A-1)是非伦理的而(A-2)是伦理的?这是一个很不清楚的问题。从表面上看,这两种规范系统在技术方面有着明显的差异,(A-1)要处理的行为问题比(A-2)所涉及的行为问题规模要小得多,对于(A-1)来说,要处理的只是非常有限的某种行为,所以比较容易制定一套完整的规范,而对于(A-2)来说情况却糟糕得多,正如前面所分析的,由于企图应付一切行为,所以不得不陷入解释的困境。然而,导致(A-2)的解释困境另有着更深的原因。可以考虑(A-1)和(A-2)的一些细微区别。当某球员用手运足球并且不服裁判而不断用手运球,他很可能被判罚出场,如果他辩护说他出于维护这支球队一直胜利的光荣这样一个高尚的动机而这样做,所以是正当的,这种辩护在此显然是不被考虑的,因为被规定了的规则本身就是做出裁判的充足理由。显然,对于(A-1),规则蕴含着裁决。法律是(A-1)的一个典型系统,如果父亲进行偷窃而儿子为其隐瞒,这在法律上是有罪的,尽管可以有伦理上的解释(孔子就曾给出过著名的解释)。对于(A-2),情况有些不同,尽管我们知道撒谎是不良行为,但仍然会认为对杀人犯撒谎从而避免一起谋杀案是更重要的。也许某种同时涉及法律和伦理的事例特别有助于看清这两种模式的差异,假如我决心做一个抢劫犯,但我毕竟有着法律和伦理意识,那么,我知道无论抢劫什么人的财物在法律上都是有罪的,但我倾向于抢劫富人而不是穷人,因为抢劫富人在伦理上的过失相比之下要小一些,就像有的小说中把"劫富济贫"描写成并不很坏的事情。又假如我是个富人,"为富不仁"在法律上并非有罪,但如果我碰巧有了良心就会倾向于帮助穷人。这种"……比……更可取"的价值比较意味着伦理表达式中不仅包含一种规范劝告而且还包含一种价值评价。不难看出,对于(A-2),规范本身不是行为选择的充足理由,规范不能蕴含行为选择,除非同时兼有一种价值评价。于是,(A-1)和(A-2)的逻辑意义表现为:

(A-1):存在着规范 X 作为充足理由蕴含行为选择 C。于是,应该 C 等于正确地遵守 X 而做 C。

(A-2):存在着"规范 Y 并且 Y 是好的"作为充足理由蕴含行为选择 D。于是,应该 D 等于认为 Y 是好的所以意愿遵守 Y 而做 D。

现在可以看出,规范 X 和 Y 就其本身而言无实质区别,如果有，也是微不足道的。一种规范并不是注定要成为伦理规范或者技术规范，我们完全可以设想一种游戏把偷窃作为其中一条规则。一条规范是否具有伦理学意义完全取决于它是否卷入价值问题，即取决于我们觉得它表现了伦理价值而接受它，还是因为它在技术上具有可行性而接受它。很显然，对于规范 Y 来说，"Y 是好的"是另一个问题，如果不涉及"Y 是好的"这一问题，那么 Y 与 X 在性质上并无二致。比如说，我们所接受的某种法律系统在伦理学上有严重缺陷，但对于特定社会情况而言该法律系统是可行的，我们就可能接受它。所以，在技术上还是在伦理上接受一条规范有着根本的区别。只要意识到规范本身并不负载着伦理学意义，只要意识到伦理学意义在于"……是好的"而不在于"应该……"，就会发现规范问题仅就其本身而言其实是技术性问题，而伦理学问题只属于价值问题。"你应该……"只说明了什么是必须遵守的，但不能表明什么是值得尊重的。我们通常说出"你应该如此行为"时总是非法地暗示着"你应该如此行为，并且，如此行为是好的"，这就是（A-2）的形成原因。现在既然我们把其中"如此行为是好的"这一真正的伦理学问题提取出来，所谓的（A-2）实际上就失去独立而成为（A-1）的一部分。规范语句只是可能引发伦理问题的现象，但它本身却不是伦理问题。

但是否所有由（B）类型表达式即"……是好的"形成的语句都表达了伦理问题？这是一个更复杂的问题。自艾耶尔对伦理学的批评开始，许多伦理学理论都在否定"好"的实质意义。艾耶尔式的理由是，当说到"如此这般的事情是真的"，这种真值判定表明我们有理由证实如此这般的事情，而当说到"如此这般的事情是好的"，这种价值评价看上去只不过是一种感叹，它并不能构成判定。按照史蒂文森的理论，"好"只是表达了情感态度，"X 是好的"意味着"我赞许X，请你也赞许X"。像这类把价值判断庸俗化为一种劝告、教育甚至诱骗姿态的理论是令人难以容忍的，这是现代民主暴政及其宣传习惯的典型方式，这种意识形态一方面把真理狭隘地归属于经验和逻辑，另一方面则毫无理想色彩地把价值判断看成是宣传、解释和诱骗方式，就好像广泛赞同就意味着"好"。于是，虚伪和平庸几乎是不可避免的。

从理论上看，把"X是好的"解释成"我赞许X……"也是非法的。在为"X是好的"提供理由时，可以说"根据理由R，X是好的"，这一点无疑是"我"赞许的，事实上每一个判断都是"我"赞许的，所以"我赞许"这一意向性表述是多余的，就像我们无须在说每句话时都加上"我认为"这一废话。只有在一种情况下，意向性表述是有必要的，即当把意向性看成是理由R的时候，这也就是企图说，"X是好的"意味着"如果我觉得X是好的，X就是好的"，或者把"我"替换成"我们"。这是明显的谬论，其中的自诩性使一切价值恰好成为无价值，而且这在实践上是很危险的，当把意向性看成是理由时，就意味着可以说"我觉得核大战是好的，核大战就是好的"。我们必须意识到，主观意向性是向任何一种可能性敞开的。意向性只是每一种思想活动的心理过程而不是思想的根据，这是不可混淆的两种事情。我们并不关心某人是否在思想（他当然在思想），而只关心是什么使得他这样想。谁也没有怀疑别人心里有着一个主观性心理活动或态度，但这一点不值一提。正因为谁都有自己的主观态度，所以主观态度不值一提，所以，能够被讨论的只是思想的理由。

既然"好"是有理由的，它就不仅仅表达一种情感态度而且在本质上是一种判定。"好"这一谓词当然不同于物性谓词，"帮助人是好的"这类语句显然不同于"光是有重量的"或"X磁场是很强的"这类语句，因为物性谓词表明了属于对象的某种性质，而"好"作为取值谓词或者说评价性谓词却只表明关于对象的评价。这是一种共识，不难意识到，这其中关键的问题是："这种评价针对的是对象的哪一点？"或者说："我们所评价的是什么东西？"遗憾的是，伦理专家总是忽视所评价的东西而只注意到进行评价这一活动的态度，就好像我们只要决心把某种东西看成是好的，任何一种东西都能被看成是好的。假如某人认为"那姑娘很迷人"，而我们觉得这只不过是情人眼里出西施，我们也仍然不至于以为他是决心把那姑娘看成是迷人的，他显然不可能认为每一个姑娘都迷人。可以肯定那姑娘产生了某种效果使他觉得她是迷人的，即使我们不觉得她是迷人的，也无法否认她所产生的那种效果，正是那种效果决定了评价者的态度。同理可证，当说出"X是好的"，其评价性谓词本来就不是对X的说明，而是对X的效果的判定，换句话说，X是知识论断言的对象，而X的效果才是价值判定的对象。正是因为没有明确什么是价值判定的真正对象，所以很多伦理学理论经常无的放矢，甚至以为价值判断只不过是对客观事实X的种种主观态度。毫无疑问，价值效果不是X固有的属性，但却是X所产生的影响力。

价值判定的对象由存在转换为存在的效果，这表明了其与一般伦理学的决裂。价值判定不再是一种表态，价值语句就不再是废话。伦理学竟然愚蠢到把表态当成一种特殊意义，这是难以理解的。事实上每一句话都包含着表态的意义，"这是真的"意味着"我同意这是真的"，难道说"这是好的"就仅仅意味着"我赞许这个"——"好"这一意义就消解在表态中了？这种"分析"实际上是舞弊。既然现在已经看到价值判定所针对的是存在的效果，就不难发现，价值判定如知识论判定一样都具有必然性，都是真理的某个类型。价值语句意味着判定而不是对某种表态的再表态。

To be good 这一形式即价值表达式的（B）类型也有两个模式：（B-1），非自足的和（B-2），自足的。在（B-1）中，一个事实的价值表现在它与另一事实的关系之中，于是，其表达式就是"对于Y，X是好的"。这一表达式的真正意义是："如果X对于Y是有利的，那么X是好的。"通过这一假言命题可以看出：（1）X本身无所谓好坏，X的价值来自它的外在关系，所以这种价值是非自足的。（2）这种"好"被定义为"对……有利"，于是，除非我们有理由判定Y是好的，否则"X是好的"就仅仅是一种表态而且是盲目的表态。假如声称"联合国出兵对恢复N国的秩序是有利的"，却又不能判定"在N国恢复秩序"是好是坏，那么就不能在价值上肯定这一军事干预。如果只要随便编造出一个"对……有利"的理由就可以构成价值判断，那么，欺骗和宣传就足以决定价值。（3）既然凡是非自足的价值总是需要由另一种价值来使之成为一种价值，那么，所有价值都根源于自足的价值。（4）如果一种价值在任何一种意义上都仅仅是非自足的价值，那么，即使它有利于某种自足价值（或者某种已经为自足价值所肯定的非自足价值），我们也不能在价值上肯定它。比如说，当肯定"在N国恢复秩序"是好的，这仍然不足以肯定"联合国出兵对N国进行军事干预"是好的，除非联合国的军事干预这种事情本身就是好的。显然，只有本身好的事情才有可能真正有利于另一种本身好的事情，而一种并非本身好的事情即使有利于另一种本身好的事情，它也只不过是一个权宜之计。这是理解伦理行为的一个关键，当我们为了某种好的事情而不得不做一件坏事——比如说为避免谋杀而对杀人犯撒谎，或为保卫祖国而牺牲许多士兵的生命——我们决不会因此就以为所做的坏事因为有利于好事就变成了好事，而是仍然认为那是一件坏事，尽管它是有益的权宜之计。正是这种绝对的伦理意识使得人们能够尊重美好的事情，而不至于被非自足价值所蒙蔽并堕落为无耻小人、唯利是图者和投机分子。

既然非自足价值不能表明什么是好的，那么真正好的东西就只是本身好的东西（good in itself）。在（B-2）模式中，"X是好的"是一个完整的表达式，是一个直接的判定，它是一个真理形式，尽管它表达的不是一个事实真理而是一个价值真理。这种说法听上去像是奇谈怪论，在此我愿意陈述这样一个发现：真理性与真值是两种东西，真理性表现在判定形式中而不是表现在赋值形式中，也就是说，在"X是真的"和"X是好的"这类语句中，真理性表现为"是……"，而不是表现为"……真"或"……好"这些赋值情况。通常，哲学错误地把真理局限在知识论真理范围内即真值语句内，就好像其他种类的语句本质上都是胡说。如果把真理仅仅看作是科学和逻辑的真理，那么，"尊重科学和逻辑是好的"这类价值命题就是胡说，而如果真理不值得尊重，那么真理就是不太重要的甚至是毫无意义的东西，结果科学和逻辑真理就反而成了胡说。这绝对是不可接受的，只要我们能够绝对肯定知识论真理的价值，就不得不承认存在着价值真理。很明显，如果事实真理是有意义的，就肯定存在着价值真理使之成为有意义的。所以，真理性并不在于对事实的判定还是对价值的判定，而在于判定的有效性。这一问题暂不详论。

其实，当意识到价值也是一种真理判定时，就会发现所谓的事实判断和价值判断并不是截然对立的两种事情，而是同样基于存在论的两种不同思想——很显然，存在就是一切，就是世界和生活，无论是知识论还是伦理学都只是企图显示存在的某一方面。没有一个人能够真的不根据存在论而做出价值判断，因为他无法装成不存在。事实判断揭示了存在是如此这般的，而价值判断揭示了如此这般的存在意味着如此这般的存在方式。

好的东西就是我们所自由选择的东西。这是人类的一个基本直观。一切物质享受和精神享受都是好的东西，每个人都明白这一点，没有一个伦理学家能够通过规范来证明有哪一种享受是不好的。很显然，没有什么精神能够拯救饥饿的肉体，也没有什么物质能够平息精神的痛苦。同样，没有一个伦理学家能够以不可反驳的理由指出"应该"追求哪一种物质享受或哪一种精神享受，因为他人的感受不能代替我的感受。况且，人们通过"应该"这一形式已经说出了非常之多的谎言和谬论。在谈论什么是好的时就决不是在谈论什么是应该的。伦理学中最常见的错误就是把"应该"和"好"这两个问题混为一谈，用这两者互相定义或者循环论证。这一错误实在令人惊讶，因为"应该"和"好"之间那种巨大的差异是极其明显的：规范总是对行为的某种限制，假如凡是好的东西就是规范所允许的东西，规范的限制性就完全失去意义，就成为多此一举的事情。

在哲学中，"什么是好的东西"，"什么是快乐"，"什么是幸福"，这些都不是问题，就像"世界是否客观存在着"一样不是问题，这些都是一清二楚的事实。哲学决不是一种装作什么都不知道然后把事实说一遍的愚蠢行为。许多哲学错误都根源于不知道哲学要做的是什么事情。说出"事实是怎样的"，这是科学和经验的事情。哲学利用一切可以利用的事实，但哲学考虑的不是"事实是怎样的"，而是"自由意志能够做什么事情"，换一个角度说，哲学考虑的不是"自由意志在多大程度上为事实所决定"，而是"自由意志怎样进行创造性的活动"，对于前者，哲学所能知道的也就是科学和经验所揭示的，只有后者才是需要反思的课题。在伦理学中，当提问"什么是好的"或"什么是快乐",这就是在制造假问题,假如给出一个概括性的回答,人们会觉得过于含糊而失去了许多最具活力的性质。如果具体地进行回答,则几乎不可能详尽地一一说明。这很容易造成"问题没有被解决"的错觉,其实这类问题每个人都很清楚。不妨想象,你被要求回答什么是"身体不适",如果以非常认真的态度去努力回答,那也会卷入所谓的哲学问题。这是一种很典型的哲学骗局。哲学的那种无所不包、无所不管的幻觉就是来自这类盲目追问,就是以为随便什么事情都可以用哲学的腔调说成哲学问题。当然,诸如"好"和"快乐"之类概念有时也会引起准哲学问题,即它们在意义上的用法问题。但意义通过分析即可澄清。不过,意义分析只是逻辑学——语言学工作而不是哲学工作。

如果伦理学的工作既不是澄清事实也不是分析意义,那么,伦理学的真正问题是什么?虽然每个人都知道好的东西就是快乐的和幸福的事情,但是如果不知道如何有效地获得好的东西,好的东西就仅仅是愿望。那么,通过经验和科学,我们是否能够获得关于这种有效性的知识?可以说,获得快乐的有效方式是能够在经验和科学中被揭示的,事实表明,人类一直善于寻欢作乐并且精益求精,从高度发达的衣、食、住、行、性到游戏、娱乐、体育和吸毒都可以看出人类谋求快乐方式的确绝不糊涂。但是,快乐不足以构成好的生活(有的快乐甚至是有害的),因为快乐对生活意义的影响力毕竟不够强有力而且总是局部的,更糟的是,快乐是消费性的,它只是一次有效而不能累积,过去的快乐就不再存在。就像叔本华所发现的,无论欲望是否得到满足,我们实际上并不真正快乐。这当然有些夸张,但可以说,几乎每个人都知道仅仅快乐并不能达到幸福,或者说,如果没有幸福,那么快乐的意义是很有限的,因为快乐总是过去的或正在过去的事情,生活也就不能真正使人满意。幸福是人类的高难度需求,既难以达到又难以舍弃。一个人可能为了幸福而放弃某些快乐,但决没有人为了快乐而放弃幸福,如果有人宁愿要快乐而不要幸福,事实上只不过是他没有能力去获得幸福,比如他怯懦、平庸、愚蠢或变态地对待生活。显然,幸福与快乐有着根本的区别,幸福是整个生活的整体效果,而不是某时某处的某种乐趣。这一特性决定了我们无法由偶然特殊的经验知识来揭示那种普遍必然的获得幸福的有效方式,所以需要对存在进行哲学反思。这意味着,快乐的有效方式只是一个实践的问题,而幸福的有效方式则不仅如此而且是一个伦理学问题。

以"应该"为形式表达出来的规范是由好的事情的存在而引发的,如果不是因为人们在追求好的事情上发生冲突,就根本不需要树立规范来加以调节。然而,正如没有一件事情因为"应该"而成为"好"的,也并非只要是好的事情就成为"应该"的。由"好"到"应该",或者说,在"好"和"应该"之间存在着另一类伦理学问题:如何使应该的成为好的?或者说,如何使应该的服务于好的?由于人的存在是有着自由意志、有计划的存在,这其中必定产生一系列极其复杂的问题。没有比自由意识更为危险的东西,为了保证好的事情,所以需要规范,如果脱离"好"这一绝对前提,规范便是荒谬的、无聊的甚至是非人的。事实上,各种暴政,无论是独裁的、宗教的还是民主的暴政,都是无视"好"而推行"应该"的例子。所以在此有必要强调,伦理学问题不在于"应该"而在于"由好而应该"。

显然,我们需要由好的事情出发来对伦理学问题进行重新思考,并且发现一些基本的伦理真理。尽管我在前面已经说明了伦理真理的可能性,但这一点仍然很容易令人不满,并提出这样的疑问：在谋求好的东西时，人们实际上各有所择，一个人所意愿的就意味着好的，所以，从主观性引出普遍必然的真理是不可能的。人们经常根据这一理由而把伦理判断看成是主观态度的表达，而如果希望达到一致的伦理判断则往往寄希望于根本不可靠的"同感"。这种思路是没有出路的，它只能使问题不了了之。所以我强调哲学是无立场的，无论是伦理学还是其他哲学分支，哲学的批判都是无立场的，而且这种批判必须以怀疑一切立场为起点，但这并不意味着不准备接受和相信某一立场，而是表明要接受任一立场都首先需要明证（evidence）。这种对一切立场的怀疑比以往任何一种怀疑都更为彻底，因为这不仅仅是对关于世界的种种观念的怀疑，更是对操纵思想的各种思想方式的怀疑，它所展望的是思想对思想本身的革新。所以，哲学是无立场的，或者说，新一代的哲学必须是无立场的，它所揭示的真理必须超越一切主观立场，无论是个人立场还是意识形态。一旦在伦理学中实施无立场的哲学批判，就可以发现真正的伦理学本来就不准备从主观性中引出普遍必然的真理。伦理学不想也不能干涉个人的自由选择，如果一个人决心要做蠢事，那是谁也拦不住的，事实上的确有人企图"实现"不可能由真实的我产生的"自我"。他（她）企图"实现"的那个"自我"只是意志的不真实的意向对象，期望实现这种"自我"的愿望是一种不想做自己这个人的冲动。这个人就几乎是决心要远离幸福。即使如此，伦理学也决不能干涉自由。伦理学不能提供高于自由的规范，而是应该为每个人着想而揭示真理，"为每个人着想"意味着尊重每个人的自由选择并且把有利于每个人的真理摆在每个人面前。伦理学真理既不根据着主观意愿和信念也不根据着规范，而是根据着生活的存在论目的，所以伦理学真理表明的是：一个人怎样才能有效地拥有好生活。

2. 新怀疑论：无立场

任何一个规范体系都是可疑的，因此，任何一个规范体系所支配的价值观点也都是可疑的。这是前文论证的结果。这种怀疑论态度既不做出肯定的也不做出否定的断言，它其实是一种中立态度，其意义可以表达为：除非有足够的理由，否则我就不能决断。

很明显，这种态度包含一个条件性前提。这种条件性前提是否能够被满足，取决于所涉及的具体问题。经典怀疑论所考虑的问题主要是关于外在世界的知识，在这个问题上，怀疑论自然而然走向一种悲观主义，由于人类关于外在世界的知识只有在对外在世界的总体意识中才具有意义，而这种总体意识却又无法在有限的知识中被证明，所以，关于外在世界知识的足够的理由几乎不可能被满足。但是，我们不可能获得关于世界的绝对知识并不意味着我们不可能获得关于某些别的事情的绝对知识，也就是说，悲观主义总是特定而有限的，它不是怀疑论的唯一可能性。我相信在人们感到最没有希望的问题上（例如伦理学问题），反而恰好能够通过怀疑论而走向积极的结果。这种想法在惯常的观点看来也许有些离奇，普遍的流俗观点总是认为生活根本无道理可言，治理生活只能依靠多数人一致认可的规范，以及附属的、作为软性专制的民主体制和教育规格。民主体制比起暴政来说无疑是一种进步，但仍然远不是治理生活的最好道路，因为这种进步仅仅表现为，暴政只做坏事，而民主社会不做很坏的事，但也不做很好的事。规范在本质上是民主性的，它意味着折中、调和、让步和平庸。事实上，规范从来只能掩盖生活问题，使生活问题显得含糊，却无法解决任何一个生活问题。规范又总是必需的,但却不是道德生活的根本。遵循规范意味着放弃一部分自由。正如斯金纳所暗示的,由于遵循规范将得到奖励,而违背规范将得到惩罚,所以我们明智地选择了遵循规范。用这种老鼠式的明智来解释道德生活自然令人不满,但这恰恰暴露了问题的关键:在不可能拥有充分自由的条件下,人们明智地选择了规范;在纯属想象的自由中,人们按本来愿望设想生活。后者是真正根本的,尽管它与实际选择经常不一致。正是因为这种不一致,所以我们无法在实际生活中明显地观察到理想生活,也就无法根据规范来定义生活的价值。那么,我们是否能够揭示生活的意义?

所有怀疑论都不信任任何一种信念。一种信念或意见并不比另一种信念或意见更加可信,仅就信念或意见本身而言,我们无法决定它是否可信,因为,信念的根据是心理原因而不是思想理由,这决定了信念只是一种态度而不是真理,我在心理上相信某种东西并不意味着我在思想上承认它,所以我总能怀疑它。在此产生一个问题:真理的支配能力是否强于信念的支配能力?如果从自由选择上看,信念的支配力并不弱于真理的支配力,比如说以下的情况是可能的:

(1)我不知道 a 是不是真理,但我宁愿相信 a。

(2)我知道 a 是真理,但我宁愿坚持与 a 相矛盾的信念→a(非 a)。

但是,一旦从自由选择的有效性上看,不难发现,要坚持某种与真理相冲突的信念就必须承认足够多的真理,我们不可能处处违背存在的真相,否则将在思想上和行为上处处受挫。理由很简单,我们不是在存在之外而是在存在之中,这就注定了我们受制于存在,而受制于存在就一定受制于真理。所以,尽管真理不足以支配信念,但却优于信念,因为真理强于怀疑态度而信念弱于怀疑态度。怀疑是思想的免疫系统，它保持着思想的主权，即保持着思想自主这一绝对性，使思想免于仅仅成为心理活动甚至仅仅成为生理活动。

显然，怀疑总有限度，尽管我们怀疑尽可能多的事情，但却不能动摇真理。事实上，为了使怀疑成为可能就必须依靠一些显然为真的东西，即明证。经典怀疑论首先以古希腊方式去寻找明证，它发现我们经验到了什么是清楚显然的，但世界是怎样的和生活应该是怎样的却不是显然的，因此必须存疑，于是，避免受骗的生活是一种"无信念的"生活即凭感觉生活；笛卡尔式怀疑则甚至对我们所经验的情况也不信任，它发现真正明显的只是"我思"这一活动；胡塞尔又发现如果"所思"都是可疑的，"我思"也就变成毫无意义的活动，所以"我思"这一活动本身就明确地规定了不受经验影响的明显的"所思"。

但是，经典怀疑论都指望有某种知识论的解决，这一点注定了它的局限性和不彻底性。它只反思到"去看……"（to see ...）的问题，而没有反思到"去做……"（to do ...）这一更基本的问题。人始终在行动中，行动构成了人的全部存在，任何一种方式的"去看"都只不过是一种思想性的行动。所看到的东西固然可以怀疑，但是一种看的行为本身同样可以怀疑，我们不得不问"一个行动是否真的是有效的？"。这种新怀疑论是"无立场"的思考，我们不但不能轻信任何信念，而且也不能随便承认任何一种知识论立场。很显然，任何一个怀疑都不可能有一个真正有效的知识论解决，因为任何一个所谓的知识论解决都意味着另一个同样可疑的知识论立场，从一种立场去解释和批判另一种立场永远不会有结果。伦理规范系统之间的冲突典型地表明了这种立场对立场的批判的无效性。

既然任何一种立场都可以怀疑，我们唯一能够依靠的就是存在。于是,"无立场"的怀疑所指望的是存在论的解决。这里我们遇到一个微妙的问题。任何一种存在都是被创造出来的,存在实际上就是一个作品,其中包括自然存在(或曰上帝的作品)和非自然存在(人类的作品)。对于上帝作品,我们只能去看它,即只能解释它,甚至"科学地"说明它,关于自然存在的知识无论多么精细,永远是一种旁观解释,而自然存在永远是客观的对象,我们只不过是主观地解释它并利用它。由此不难理解知识论的悲观主义境况。然而,对于人类作品(无论是思想还是生活),我们创造着它,我们是当事者,我们掌握着它的存在,所以,我们对它能够获得无障碍的介入理解。人类作品对于我们不仅仅是一个对象,而且是表现为主观性的证据。如果说自然存在是被主观解释的运动,人类存在则是由自身操纵的行动。于是,关于人类存在的真理与人类行动的有效性是同一的。所以,我们能够获得关于自身的存在论真理,而关于世界则只能获得知识论的解释。世界的真理在上帝手里,而人的真理在人手里,这一与惯常见解相背的原理可以表达为:旁观者迷,当事者清。

显然,我们不可能获得关于世界的哲学真理,因为不可能存在论地理解世界而只能知识论地解释世界,但是我们能够获得关于思想和生活的哲学真理,因为思想和生活是我们的存在论创造。所有绝对真理都是关于人造存在的真理,我们必须用怀疑去消除解释,从而理解思想和生活的存在论意义。

其中最关键的问题是,理解思想和生活必须以一种与认识世界相反的方法来进行。正如康德所指出的,我们认识世界并不是对物自体的理解——这是做不到的——而是为世界立法。为世界立法虽然是一件庄严伟大的事情,但却是不得已而为之,我们其实更愿意按物自体的本相去认识世界,尽管这是不可能的。为世界立法所依赖的是我们的思想和生活为世界设立的一些解释框架,它们只适用于解释世界。当我们试图理解思想和生活自身时,显然不能把思想和生活当成世界,不能为它立法,不能使用任何一种立场和规范去解释它,因为任何一种立场和规范恰恰是思想和生活所创造的。很显然,在理解思想和生活时,我们不能把其当成解释的对象而必须当成分析的对象。这是一种存在论分析,从中我们分析思想和生活的行动步骤,从而发现思想和生活的行动步骤所形成的线索。当我们通过无立场的怀疑而拒绝使用任何一种解释框架时,我们就只能利用存在论分析所能提供的明证,这是唯一强于怀疑态度的根据。

所以,在重新思考伦理学时,首先必须做到(1)使伦理学的根据不弱于怀疑态度;于是(2)使伦理学命题与存在论命题相容即不矛盾。

3. 价值与真理

长期支配着伦理学的一个观念是关于事实判断(以 to be 为形式)和价值判断(以 ought to be 为形式)的区分。对价值判断独立性的强调好像意味着所谓的价值领域可以摆脱真理。多少令人吃惊的是,许多人对此观念很满意,就好像我们真的能够摆脱真理。与此相应的错误是把真理等同于知识论意义上的真命题,或者说把真理和谬误等同于知识论的真值。

拒绝以真理为根据的价值判断首先失去了理论意义,因为,无论以个人意志还是以代表某种意识形态的规范作为价值判断的依据,价值判断都成了主观判断,如果每一种主观性都是价值的根据,就不再有任何一种"根据"是值得讨论的。主观趣味之间的争辩是无聊的。于是，放弃真理就意味着价值领域只剩下了实践问题。以主观性为根据从表面上看是获得了尽可能多的自由，但由于人类存在不是一个人的存在而是众多个体的共同存在，以主观性为根据就恰恰使每一主体失去尽可能多的自由。价值问题成了解决纠纷的问题。解决方式通常是专制主义的或约定论的或多元论的，而这些方式无一不潜伏着危险。专制主义是一个强权原则，其野蛮的危害众所周知。约定论是一个近乎民主的原则，即以多数赞同为依据。由于无论好事还是坏事都可能获得多数赞同，比如说多数人有可能赞同把人数较少的民族消灭掉或进行奴役，所以多数原则只是一个虚伪化的迫害原则，确切地说，一个多数迫害少数的原则。而且，由于不以真理为依据，要达到多数一致就只能通过宣传和欺骗。多元论实际上是相对主义原则。如果多元以群体为单位，则与约定论具有同样的错误；如果以个体为单位，则使每个人的生活变得孤独、有隔阂、无聊、微不足道。现代社会是约定论和多元论的混合体，它以虚伪的、更具欺骗性的方式使生活沦为各种意识形态的官僚主义操作，从而遮蔽了存在，生活变成了生活的适应对象，就像世界是生活的适应对象一样。

把价值判断看成主观判断这一错误根源于对价值的含糊理解。假如我们把一个对象看成是一个未知的X，然后提问："在什么意义上，X是有价值的？"问题出在对X的解释上，如果把这个X看成是可以占有的某种东西，比如生活资料或者利益和权利，那么就等于把有价值的东西定义为所需求的东西，于是，价值不可避免地主观化了，因为所需求的东西因人而异、因时而异。这种私人化的现象不值得称之为"价值"，它毫不具备价值的衡量功能。实际上，人们经常并不知道或者并不真正知道自己所需要的是什么东西，有时似乎知道但结果发现其实并不知道，这说明了我们"所需要的东西"就其本身而言是弱于怀疑态度的。那么，我们直接知道的是什么？只能是发生着的经验，正因为经验是现时现刻发生在我们身上的，所以一清二楚。因此，关于 X 只能解释为"所需求的经验"而不是"所需求的东西"。人类以趋乐避苦的方式追求经验，而经验的苦乐是无须解释的，人们不需要关于感受的真理，因为感受的性质可以自然而然地被经验到。由于苦乐是自然经验，所以苦乐经验本身没有分歧。所有分歧都在于对于每个人来说能够引出苦乐经验的东西各有不同。

尽管以"所需求的经验"普遍必然地解释了什么是有价值的，但仍然有一个关键性的问题：苦乐经验虽然是直接明白的，但却不能在它实际发生之前进行一种事先料想，经验只是一种当场检验方式，这意味着我们无法利用经验对所需求的东西进行事先定义，也就是说，我们不能事先知道什么东西可能导致我们所需求的经验（除非在重复过去的经验知识）。我们并不想把有限的生命用于盲目的经验积累，何况人类生活并不是适应性的而是富于创造性的，并不是由衣食住行这些相对简单的行为所构成，而是包括爱情、友谊、荣誉和成就等创造性经验。一句话，我们企图揭示的是关于幸福这一生活主题的价值真理。既然人们对于幸福感并没有疑问，那么，价值真理就只是关于获得幸福感的方式的真理。如何获得幸福的方式显然是具有普遍必然意义的方式，理由很简单：假如这一方式是主观的，那么每一个人从来都是幸福的，幸福就变成了一个与生命一样的自然事实，这显然与事实相背。所以，一个有效的价值判断决不表现为一个主观语句，而是表现为一个价值真理。

至此可以看出，真理决不能局限于知识论意义上的真理。真理不是仅仅属于经验事实和逻辑必然性的东西，并不是人类思想中某一种判定，而是任何一种判定的共同的、普遍的形式。实际上，把真理的对象规定为世界而把生活排除在外,这种规定本身恰恰不是一个真理,因为,如果它是一种主观选择,那么它不是真理;如果它被假定为一种客观断言,那么,由于按其规定生活没有真理,我们在生活中就无法证明它是真理。从另一方面看,把价值判断逐出真理领域也会产生极为荒谬的结果。比如说,假定"尊重真理是好的"这一断言不是真理,那就意味着尊重真理不是一件好事,这显然与人类需求相背。再比如,假定"做一件大好事比做一件较小好事更好"这类断言不是真理,其结果将是我们必须做最坏的事,这更是与人类愿望相矛盾。可见,价值判断本来就是真理性的决定,这一点一直被错觉所遮蔽。

这种错觉直接表现在对判断语句的理解中。当说到"它是（it is）真的"或"它是好的",人们通常只关注到"真的"或"好的"这类取值谓词（evaluational predicate）,而忽视了"是"（is）这一判定性谓词（apodictic predicate）,甚至以为"is"不是一个谓词。问题源于"is"的含糊性。"Is"既可以表示"存在",也可以表示"是",这两种意义以同一个"is"来表达,这深刻地暗示着这两种意义的一致性（这一点暂时不论）,但这种一致性并不意味着这两种意义是完全同一的,当"is"表示"存在"时,的确可以逻辑改写为$\exists X$,于是就必然会出现$\exists x f(x)$,然而,既然我们有理由构造$\exists x f(x)$,就等于承认了"是"的意义,否则无法肯定$\exists x f(x)$,这意味着"是"是承诺个体存在之外的一种肯定性意义,所以,"is"是一个实实在在起作用的判定性谓词。其实在中文里就没有这种含糊性,也许中国式思维不很关心"存在"和"是"的一致性而更关心它们的区分,于是分别表达为"有"（there is X；$\exists X$）和"是"（X is so and so；$f(X)$）。这种区分尤为深刻,因为它们毕竟是两种功能:"有"承诺存在而"是"肯定存在的表现,从而使存在的承诺成为可能。由此所引出的是两个问题：有无问题和是非问题。它们之间的区分也许可以通过这样一个例子来理解：在数学中我们可以假设存在着一个最大的数，但这并不意味着我们知道它是什么样的；由于缺乏一种能行的方法指出最大的数是什么样的，所以最大的数纯属假设而实际上不存在。

现在我们可以看清楚"是"是一个判定性谓词：即使在说出"是如此这般"之前，"是……"就已经显示了肯定功能，它不是一个空洞的语词而是一个普遍形式，即真理的判定形式。至于"真的""好的"这类取值谓词只不过是表明真理判定的类型的某种值（value），因此，真理的取值类型取决于所处理的是什么问题，而无论什么问题的解决都表现为"是……"这一形式的判定。也可以说，真理的真理性（apodeicticity）体现在"是"这一形式上，而真理的类型性体现在"真的""好的"之类谓词上。[据叶秀山提供的资料，古典学家保罗·弗里德兰德（Paul Friedlander）发现古代希腊的真理概念 Aletheia 最初的意思是说话诚实和思想上的可靠。这一概念虽粗糙却不具有现代的狭隘性。]一旦意识到"是"这一形式是对任何一种取值类型有效的真理普遍形式，就不难发现真理的确有着根据，而且这一根据只能来自存在。真理与存在的一致性说明了为什么"存在"和"是"具有同型形式"is"。所谓"真的""好的"无非意味着我们对存在的各种表现的不同处理，而"是"正是对这些处理方式的肯定，因此，"X 是真的"意味着"X 在知识论意义上为真，这是一个真理"，同样，"X 是好的"意味着"X 在价值论意义上为善，这是一个真理"。如果缺乏"是"这一判定，我们就只是说"X 被解释为真的"和"X 被解释为好的"，一旦依靠解释就不可避免地成为怀疑对象并且一定弱于怀疑态度，因为除了存在，没有什么不能怀疑。除了存在，我们又能依靠什么？

除了怀疑,我们又如何知道确实依靠什么?无论是知识论还是伦理学都企图表明存在,尽管所关心的存在问题有所不同。

既然真理性体现在"是……"这一判定形式上而不是体现在"……真(好)"这一取值情况上,价值真理就成为可能的了。价值语句表现为这样两种基本形式:

(1)X是好的。

(2)X比Y更好。

相应于(1),显然可引出一条"价值合取原则",即好事多多益善;相应于(2),则有一条"价值析取原则",即取善弃恶。这两条原则恰当地反映了人们的道德直观。然而,这种道德直观应该说是形式的直观,因为其中的"好事"和"坏事"只是未加明确的变元,所以,这两条价值原则仅仅是形式真理,它们远不足以说明道德行为,即使对(1)和(2)进行分析性阐明使之成为:

(3)X是好的,当且仅当,X引起的经验是人们所需要的经验。

(4)X比Y更好,当且仅当,X引起的经验比Y引起的经验更为人们所需。

根据(3)和(4),我们仍然不能完全把握行为。实际上,经验直观所能解决的问题是非常有限的,在经验感受上辨别好坏并不能保证在理智上能够有效地辨别好坏,经验总是当场当时有效的,所以,仅仅根据经验并不能判定什么是对生活真正重要的。由于经验判别是事发当时有效的,因此经验也不能揭示事前选择的有效性,不能决定将做什么。更进一步说,经验感受只是对行为结果的承受,它无法说明行为的创造性,也就是说,它无法说明以什么方式才能获得有价值的经验。这是一个致命的缺点。

人的行为受自由意志的支配,从这个意义上说,人的本性是创造性的。这一点决定了行为主义心理学对人类行为的解释是失真的。既然对刺激的反应模式不足以说明行为的本性,这就意味着价值问题没有希望被还原为事实问题。不过有一点是毫无疑问的:价值问题和事实问题并不矛盾,其中产生的不可还原性是由于价值与事实仅仅是一致的但却不是相等的。我们知道,行为也是世界中的一个事实,所以总能够把一个行为当成一个事实来描述,因此,价值语句也就能够被写成事实语句,例如把上述的(1)(2)写成(3)(4)。但是,一旦把价值语句写成事实语句,问题的性质就改变了。通过事实语句只能解决事实问题。因此,并非不能对人类行为进行知识论的分析——这种分析实际上是必要的——而是知识论这一思考维度不适合解决价值论问题。在知识论维度中,人们对价值问题视而不见。价值决不像维特根斯坦所声称的那样是"不可说的",关键在于我们必须找到揭示价值真理的说法。无论如何,不能以考察世界的方式来看待生活。

价值问题是一个理想问题。它是一个由事实生长出来的问题,所以它与事实问题相通但不相等。只有人才会有理想问题,因为人是创造性的,所以人的生活不仅仅是生存,不仅仅是一个生命过程。显然,事实判断不具备说明人的存在特殊性的能力。另一方面,价值问题也不能由规范律令来解释,一个规范系统只意味着某一种理想,这一点注定了不可能以某种特殊的生活理想来阐明普遍的生活理想问题,否则就等于说那种特殊的理想其实是生活所可能的唯一理想,倘若如此,理想问题恰恰又变成了事实问题。所以,理想不能被强行约束为某种规范,价值与规范可能一致也可能不一致。可以说,对于价值问题来说,to be 和 ougut to be 都不是恰当的思考维度。伦理学长期以来受缚于这两种维度,就好像只能在这两者间做出选择一样,这一根本性的失误导致了伦理学的全部混乱。我们必须意识到,伦理学命题必须是一些真理,但不是事实真理而是价值真理，这意味着我们需要一个新的思考维度。

4. 人学目的论

人是世界中的一种存在，这一点意味着人不是神，人的存在受制于世界的存在，于是，任何一个事实真理（经验真理）都是人的存在的一个限制，我们不可能超越事实真理来设想人的可能性。在这一方面，生理学和心理学提供了大量的知识。但正如前面所阐明的，关于人的存在的事实真理不足以说明人的生活，因为人的生活是创造性的，所以，事实真理只表明了生活的可能性界限而不能说明生活在这种界限内的自由行动。由于受制于世界存在，人的创造性是一种有限的创造性，人不能创造世界而只能创造生活，于是，人的存在便是一种双重性存在：一方面受制于世界的事实，另一方面又主宰着生活事实。可以说，人是一种创造存在的存在。人在世界中创造生活，所以价值与事实并不矛盾；人在世界中的生活是一种创造，所以价值真理又不同于事实真理。

既然人是创造者，我们就必然进入目的论问题。但是传统的神学目的论根本无助于说明人的生活，我们不能了解世界的目的性，因为我们不具有神的知识论视界，诸如世界的本质或者造物主的本质之类的问题是逻辑上最大的问题，但却不是理论上最大的问题，因为这些问题无论怎样被解释都不能被用来说明生活。另外，我们也不可以宣称哪一些生活原则是神的安排，否则恰恰是渎神的，因为神对人的希望已经表现在神对人的设计之中，既然神把人设计成为创造者，那么神就已经把生活的主权授予了人。人类数千年来以不同方式提出的"我们生活的意义是什么"这一问题只能在生活中而不是在生活之外被澄清。生活的问题只能通过人学目的论来解决。

生活不仅是生存，不仅是一个自然过程而且是一个自由过程。生命的自然状况——一个人的生生死死以及相关的情感经验——根本不成为哲学问题，只不过是一些众所周知、直接公开的现象。我们都有机会经历到或观察到这些存在状况，但却不能由此理解生活的意义。生存的存在前景是必然的前景：特定的刺激引起特定的反应，生命由成熟到衰老以至死亡；生活的存在前景则是可能的前景：生活是作品，生活前景是"可能生活"，生活的意义是在创造中产生的。如果生活像生存一样也是被决定的，那么根本就无所谓什么样的生活是值得的，所以，任何一种高于生活创造性的假设——无论是神学目的论还是某种规范系统——实际上都等于剥夺了生活的意义。自由意志唯一有效的功能就是创造，其他功能都是无效的：自由意志不是用来服从的。所谓由他律变成自律是一种多余的粉饰，它所能说明的事情决不多于行为主义的"奖励—惩罚"理论所能说明的，都不过是在说明怎样把强迫性的约束变成明智的自我约束。如果只是为了生存，根本就无需自由。规范是为了生存，自由则为了生活。问题在于，人并不满足于生存，生存不足以实现人的存在。

由于人是创造性的，所以人的存在论概念无法仅仅在 to be 中被定义，或者说，在 to be 这一贫乏的存在论概念中，人的存在意义无法显现，人的存在意义有着比 to be 丰富得多的内容。既然人是主动的行动者，所以对于人来说，to be 总是意味着 to do（去做）；既然人的行动是创造性的，所以 to do 又必须实质化地被理解为 to create（创造）。存在的创造性意味着人的存在不仅是自然存在的一个环节，而且是一种新的存在的开创者，由此生活便具有了自身的目的。

目的（telos）与目标（target）完全不同。一个目标在逻辑上总是可以有一个结局的，总是呈现为一个可以完成的指标，除非在事实上碰巧缺乏机遇或条件。一个目标又总是表现为一个具体行为的意图，在条件允许的情况下，当这个行为顺利完成之时，其目标也就实现了，但这一目标在被实现的同时也就被消费掉了，它不再是一个生活的前景，也就不再具有魅力。例如一辆汽车、一笔巨款或一个高职位，这些具体行为目标一旦被达到也就不再是目标了。这一现象使人们总是感叹欲望无边、人心不足。如果把行为的目标混同于生活的目的，那么必定会引出叔本华式的谬论：当欲望未被满足，我们痛苦；当欲望被满足，我们还是痛苦。显然，目标承担不起生活的意义，也解释不了生活的意义，所以我们必须关注生活的目的。

目的决不能被理解为比较大的目标，它与目标的区别在于质而不在于量。一个目标无论多大，都是消费性的。与生活的意义相比，目标总是微不足道的。目的是生活整体的意义，是生活的本意，它无所谓结局，即使它始终显现着——假如一个人的生活是足够幸福的话，生活的目的就在这生活中呈现着——它也不能被完成而永远是被追求的对象。生活的目的是具有永恒魅力的东西，这一点决定了目的不可能是某种结局或结果，而只能是某种生活的行动方式。

在前面的分析中我们已经发现，要以所需求的东西——即行为的目标——来定义价值是不可能的。对于引起所需要的经验来说，所需求的东西因人而异而且因时而异，因此，所需求的东西只能被看成是不确定的变元。同样，心理学理论（例如著名的奖惩原则和需求层次原则）所描述的行为模式也不具有对行为的足够说明力，一个人有可能因为怯懦而放弃危险的追求，也有可能决心坚持正义而宁愿牺牲；有可能因为需要金钱这种较低级的东西而铤而走险，也有可能因为维护较高级的需要如荣誉而战死；有可能因为健康的需要而戒毒，同样有可能为吸毒幻觉而放弃健康。这些情况都说明了我们不能寄希望于通过行为目标的分析来理解生活的目的。真正的问题落在行动方式上。

什么样的行动方式才能显示生活的目的？为了有效地进入这一问题，我们必须在思考方式上完成一种转换。传统的思考方式总是以一种主观形式或客观形式来构造理解，就好像对于解决任何一个问题都只能有"主观或客观"这样一组选择。实际上，这两种形式除了表达"态度"和"知识"，并不适合解决其他问题。稍具体地说，主观形式是这样的：

我觉得 X 是如此这般的。

这一形式中，所表明的是所谓的"主客观关系"，这种关系揭示了在一种主观态度中某个对象被看成什么样。这种形式之所以不适合解决生活问题，是因为生活问题不是一个把生活解释成什么样的问题，而是一个把生活过成什么样的问题，"看"(to see)解决不了"做"(to do)的问题。在这种形式中被阐明的是主观态度而不是对象本身，因为主观性（"我"）是这一形式中的主词，也就是所分析的主题。这正是其局限性之所在。

客观形式则表现为：

存在着 X，X 是如此这般的。

这种知识论式的客观形式描述了一般意义上的事实，它克服了主观性而把对象当成所分析的主题，但这种形式仍然不足以解决生活问题。尽管任何一个生活事实都可以由这一客观形式来分析，但这种分析所解决的仅仅是生活事实的问题而不是生活问题。所以我强调价值与事实是一致的却不是同一的，生活问题是由事实生长出来的另一种问题。

于是，我们所需要的思想转换就是（1）把主观性主题转换成一个客观性主题，并且（2）把事实问题转换成生活问题，或者更确切地说，把生活事实问题转换成生活目的问题。其结果就是，我们不再以实质上是假设性的规范来解释生活，而是根据生活事实来分析规范的可能性，并且，从生活事实本身的目的出发，来判定行为的合目的性。很显然，如果不以生活事实本身的目的为根据，任何一种价值观念都是一句笑话，与之相关的规范系统也就必定弱于怀疑态度，这意味着一个人不仅总能在思想上怀疑这一规范系统，而且在条件允许时还可以在行为上拒绝它。

假如人们在行为上不存在冲突就不会有规范，规范是解决行为争端的方法。然而，规范之间的冲突却无法由规范来解决，否则将卷入恶性循环，显然规范的冲突只能由高于规范的东西来解决。实际上我们可以追问：利用规范去约束行为是为了什么？很显然是为了保护有价值的生活。这正是规范之所以不能用来定义价值的一个重要原因。规范本身是无所谓价值的，只有当规范服务于有价值的生活时才具有价值。归根到底，生活问题只能是一个目的论问题，价值真理或者伦理学真理只能由目的论形式来表达，所以，价值真理的形式不是 to be，也不是 ought to be，而是 to be meant to be（意味着是……）。

根据前面的分析，真理性不是表现为赋值类型（"真的"或"好的"），而是表现在判定形式（"是"）上，所以真理性所必须满足的仅仅是判定的必然有效性，至于这种必然有效性属于什么类型则是无所谓的。因此，我们有理由使目的论命题成为真理。某种东西总是必须意味着是某种方式的存在而不是别的方式的存在，这是无可怀疑的。于是，价值真理的一般形式是：

X 做到了 X 所意味着的事情。

这一形式几乎具有 A=A 这种逻辑真理的必然有效性，但比逻辑形式真理在实质上要丰富得多，可以说，价值真理不是分析性的而是综合性的（康德意义上），因为"所意味着的事情"对于 X 来说具有创新性。那种所意味着的事情是 X 的存在目的或者说存在的使命。如果不实现这种目的或使命，那么 X 的存在就是无意义的，就仅仅是时间性的持续。比如对于人来说，有意义的生活不等于活得尽量长。

价值真理在人的生活中处处可见。一个人必须有着做人的尊严，否则他就不是一个人而只是具有人的生理现象；一首曲子必须展现优美的旋律，否则只是噪音；一种法律制度必须维护正义并且普遍有效，否则这种法律就是无意义的；一个医生必须尽心尽力治病救人，否则就不是一个医生；一个朋友如果不仗义就不是一个朋友。如此等等。这些价值命题的真理性直接显示在某种存在的必然期待或者说预期效果中：如果一个存在不能实现其预期效果，那么这一存在就实际上被否定了。这种目的论形式非常接近中国古代的一个哲学原则——正名原则：一种名义或名分以某种与之相配的实现方式为目的，或者说，一种"名"期待着某种"实"。假如这种所预期的"实"不能实现，那种无实之名就是不正当的。所以说，一种存在如果没有实现其预期的目的，这种存在的存在过程（时间性的纯粹持续）恰恰就是在否定这一存在本身。这就不难理解为什么目的论必定是任何一种价值理论或观念的绝对根据，这是因为，如果我们不理解一种存在之所以存在的意义，那么我们就无从判断这种存在对别的东西有什么价值，也不可能了解别的东西对这种存在有什么意义，而如果对这些决定性的问题——它们决定着全部价值判断的参照方式——一无所知的话，我们对伦理规范以及其他各种规范的高谈阔论或者应用就无非是胡说八道和不负责任的滥用。

也许我们有时会觉得这种指责过于严重,因为事实上由各种流行的规范所支配的生活并没有那么糟糕和危险。当然,相当多的规范其实与价值真理是一致的,所以我并非在指责实际生活的任何一条规范,而是在指责以规范为根据去理解生活的观点。因此,这种批评所指出的不是"人类生活一直很糟糕",而是"我们其实能够更好地生活"。

为了准确地理解价值真理形式"X做到了X所意味着的事情",我们必须意识到这一形式所强调的不是一个存在论承诺而是一个目的论承诺。对于任一存在X,在理论上可以有两种承诺,即存在论承诺和目的论承诺。存在论承诺表明的是形态学意义上的存在条件,存在论承诺的形式∃xf(x)所表达的是:存在着X,并且X的存在满足如此这般的一组可描述的存在形态f。比如说,有一条狗,它是棕色的,有50磅重,有短的卷毛。这些形态学条件表现为物理学的、化学的、生理学的甚至心理学的特征。目的论承诺则表明一个存在的目的论意义,它说明的是:存在着X,并且X的存在必须满足X所意味着的如此这般的存在方式g,即∃xg(x)。问题的关键是,对于一个自然存在来说,∃xf(x)和∃xg(x)实际上是同一的,g可以归入f的一个因素。但是对于自由存在(人)来说,情况却完全不同,因为生活是创造性的。人的创造性决定了人的存在问题不是一个单纯的生存问题,即一般意义上的"存在"问题。人的存在不仅仅是在世界中遭遇这个世界的过程,而且是创造着自己的生活的过程。在这一众所周知的理解背后隐含着这样一个问题:人的存在就是创造自身存在的过程,人被创造为创造者。但人的自由在被正常理解的情况下决不会引向因自由而苦恼,从而导致荒谬人生的存在主义式的苦恼。存在主义式的荒谬源于把自由选择看成是缺乏目的论意义的却又必须负责任的行为。如果缺乏目的论意识，人生当然是焦虑的。尽管不存在超出自由范围的目的，但人的目的也并不因此就消失在自由的虚空中，与此相反，自由使人成为创造者，这一创造者身份就意味着人生目的就是以实际行动使人成为实质上的创造者而不仅仅是一个可能的创造者，否则人就只有一个废弃无用的创造者虚名而没有实现人的身份。于是，在人的存在上，存在论承诺和目的论承诺是两种不同的但又不可或缺的承诺，因为人既是一个自然存在又是一个自由存在，我们既可以在生理学和心理学上定义"人"的概念，也可以在目的论上定义"人"的概念，人的完整概念是其形态学意义和目的论意义的合取，即有这样的形式：

$$\exists x(f(x) \wedge g(x))$$

其中我们把 $f(x)$ 看作是存在论承诺，把 $g(x)$ 看作是目的论承诺。值得注意的是，$f(x)$ 和 $g(x)$ 并非总是能够同时被满足，比如说，一个缺德的人，他在生理学上的确是一个人，但在目的论上却不是人。在生活中一个缺德的人有时被斥责为"不是人"，所表现的就是目的论的意义。这两种承诺的区分对于解决伦理学问题有着至关重要的意义，它能够消解一些致命的混乱。例如，在伦理学上有一种为许多人所接受的善良态度"爱一切人"，这一态度的意义并不明确，假如它的意思是"爱一切具有生理学意义上的人"，可以想象，伦理困惑是难免的，人们实际上几乎不可能爱一个凶残的人或一个无耻的骗子。与此类似，"不许杀人""不许说谎"等等规范如果被看作是普遍必然的，就会遇到类似的困难。我们不得不通过目的论意义来约束人的概念，如果一个人希望得到人的待遇，他就必须具备人的目的论意义，这种目的论意义赋予他作为一个人的资格。所以一个人要受到尊重，他就必须有人格尊严；一个人要获得好的东西，他就必须贡献好的东西；一个人要享用某种权利，他就必须承担某些责任。

至此可以看出，人类生活中的价值具有双重性：一方面是属于自然存在的价值，即可以由事实语句表达的价值——X 是好的，当且仅当 X 所引起的经验是所需经验；另一方面是属于自由存在的价值，即由目的论语句表达的价值——X 是好的，当且仅当 X 是作为人所意味着的行为方式。由此我们获得两个重要的结论：

（1）既然自然存在和自由存在统一地构成人的存在，属于这两者的价值就不一定是互相矛盾的，简单地说，一种合乎目的的行为方式总能够引起幸福经验（但引起快感的行为方式却不一定合乎目的），否则就无法解释人类生活的意义。合乎目的的行为是自由的行为，它不可能是一种自找苦吃的愚蠢行径，即使是一种牺牲性行为——牺牲某种利益甚至生命——也一定能够在另一种意义上获得幸福经验，而不可能是一种在任何意义上都否定着自身的行为。假如把牺牲性行为看成是只对别人有意义而对自己毫无意义的行为，这恰恰意味着自己只不过是一件工具而不是一个显示着人的价值的人，如果一个人自身是无价值的，那么他所做的牺牲也就成为无道德价值的贡献。这种对牺牲的看法无论如何是对人的一种误解。这种对牺牲性行为的"称赞"暗示着对人的非分要求。把牺牲性行为说成甘当傻子就是傻话。

事实上，"牺牲性"的行为，比如说对朋友无私的帮助、对情人无私的爱、对子女无私的培育、为民族所做的无私奋斗以及对真理的无私追求等等行为不仅为别人做出贡献，同时也使自己获得了友情、爱情、亲情、荣誉感、自豪感等等极为宝贵的人生经验。

（2）尽管我们澄清了价值，但却不能用价值来直接构造伦理规范。因为伦理规范并非对自然存在和自由存在的盲目迎合和纵容，而是对它们的约束和压制。人类生活需要伦理规范，否则将有不可避免的混乱争端。但是，伦理学的工作不是要伦理学家模拟政治家、牧师或教师去宣布一种规范或者为这种规范做出"理论上"的辩解。建立实际可行的伦理规范完全是一件因时因地而进行的境遇性技术处理，是非常具体的社会政治活动，所以不属于伦理学。伦理学的任务是解决伦理规范的基础或根据问题，它关心的是对于任何一种可行的伦理规范都普遍有效的原则，所以这种原则恰恰不是一条伦理规范。因此，伦理学的原则不是伦理性的（moral 或 ethical），也不是反伦理性的（immoral），而是非伦理性的（amoral），否则它就不可能是普遍有效的原则。显然，伦理学原则就是把目的论所揭示的价值真理转换为构造伦理规范的公理。

5. 目的之明证

既然我们把解决伦理学问题的根据落实为目的论，那么就必须回答这样一个问题：我们如何看出某个被考察对象 X 的目的？

首先，任一对象 X 的目的并不取决于解释，无论是根据某种规范的解释还是根据某种信念的解释。发现一种目的意味着"看到"（seeing that ...）而不是"看成"（seeing ... as），或者说，我们所需要的是答案而不是解释。解释是遮蔽真理的最常见手段，也是每个人随便都能做到的事情，即使某种解释碰巧与真理是一致的，真理也仍然被遮蔽着，因为我们在解释中并不知道这一碰巧的情况。比如说对于"月亮怎么不见了"这样的问题，有可能有这样一些解释："被天狗吃了""掉海里了""飞走了""被另一颗星球挡住了""被魔鬼藏起来了"等等。显然，仅仅根据解释本身，我们无从判断哪一种解释是真理。解释始终是眼巴巴指望赞同的看法，而赞同是极不可靠的。解释不能解决任何一个问题。解释的意义是在历史性中展现的（所以解释学十分关心历史性），如果我们给出的解释是对过去的事情的解释，那么它其实是无关痛痒的闲谈，因为过去的存在并不能因此有所改变；如果给出的是对未来的猜想，那么它是一厢情愿的意见，面向未来的解释必定走向解构的结局，因为未来不可能是一种被决定的先在状态；如果给出的是关于现实的解释，则是遮蔽现实的喧哗，我们所需要的是把事实分析清楚而不是利用语言的文学性把事实解释成许多种样子。

实际上，解释的致命弱点已经在关于解释的解释理论（从解释学到解构主义）之中显示出来。人们会为了清除解释所产生的困难而对解释进行反思。假如这种反思仍然是一种解释，那么它将遗传性地重复解释全部困难；如果这种反思是分析，那么恰恰证明了解释不能解决任何问题。因此，对于解释来说，解构是一个恰当的结局，它暗示着，解释本来就只是以分歧的方式产生各种意见的过程而不是解决问题的手段。

在伦理学中，我们不能指望通过规范或信念来解释生活行为的目的性，这种仁者见仁、智者见智的解释与对"月亮怎么不见了"的解释在本质上并没有什么区别。如果允许这种解释，就等于说我们可以把法律的存在目的解释为迫害无辜的手段，把医院解释为谋财害命的机构。如果要使解释避免荒谬的结果，就必须承认有更高的约束。如果说个体行为需要接受规范的批判，那么规范也需要接受更为基本的原则的批判。因此，根据规范所做出的解释不但不能揭示生活的目的性，相反必须由生活的目的性来给予判定。

其次，目的性不能被看成是意愿。虽然说目的总是通过意愿表现出来，但并非所有意愿都是目的。每一个意愿都是目标，正如前面所分析的，目标并非都与目的一致。不过，目的与意愿的区别似乎并不是很明显，一个真正的主观主义者可能会说：我的意愿就是我的目的，因为我想要的东西对于我必定是重要的，如果我能达到我的意愿，我将完全满意，尤其是当我的确自由地形成某种意愿，我的目的便只能表现为我的意愿。

这里有一个值得注意的问题：自由意味着任何一种可能性都可供选择并且有待选择，而决不意味着某种可能性已经被选择。所以我们不能指望从自由意志直接引出某种选择，任何一种选择在自由意志之外必定别有原因或理由，自由意志所操纵的自由选择并不能保证合目的之选择。因此，实际上的选择即使是自由形成的意愿也有可能违背目的。不过，目的论原理并不是规范，它并不约束自由，它并不企图阻止某人干蠢事，一个人尽可以干蠢事，如果他愿意的话。目的论只想揭示这样的真理：对于一个人来说，他其实可以或者说本来可以过如此这般的好生活，或者过如此这般的更好生活，而且，这种好生活本来就是可供他选择的一种可能性，如果不受到不良诱导的话，他本来可以把这种生活当成他的意愿。可以看出，目的论既不站在"我"的立场去盲目行动，也不站在他们的立场上去妄加批评，而是摆出真理而已。例如，我们有理由证明现代医院比迷信巫术能更有效地治疗疾病，但指出这一点仅仅是摆明一个真理，却不是宣布一条规范，它仍然允许有的人宁愿迷信巫术。目的论力图表明在建立规范来约束自由之前，人们就已经有可能判明什么是好的。如果我们不能在规范被建立之前就追求好的东西，规范就变得毫无意义。

正如自由选择的目标不一定能够显示出生活的目的性，意愿的实现也同样不一定能够显示出生活的目的性。无论是劳神苦求还是知足常乐，本身都不是合目的性的明证，关键在于，一个人本来意味着可以过什么样的生活。如果不以目的论真理为根据，对行为的批评或辩解从根本上说都是无聊的。假设有一个人在年青时放纵胡闹,规范主义者可能会以一种好像特别有经验的口气教训他说:"你应该好好苦干以免老了后悔。"可是如果这个人辩解说,"在享乐之后付出代价是公平的,我将对此很满意",那么那种"应该"的说服力就被消解掉了,用规范对主观主义者进行批评在理论上是无效的,除非在实践上给予强制。一个人的主观感觉完全可以拒绝来自另一个人或者许多人的主观感觉的批评,我们不可能以自己的主观态度去代入他人的主观态度(规范无非代表着集体的主观态度),所以只能通过目的论来否证主观主义者的所谓辩解。我们必须首先承认一个人的主观感觉对于这个人来说是一个事实,如果他的行为需要批评,那么就只能提出,对于他来说他本来可以过更好的生活,可以获得更好的感受。

当然我们不难想象,一个心态不太正常的主观主义者会坚决认为不会有所谓"更好的生活",或者干脆说"我并不想过得更好一些"。这种抵触态度对目的论真理毫无影响。诚然,目的论真理并不是强制性的真理(事实真理)。如果一个人的行为违背自然规律,他总会受到自然的惩罚。目的论真理并不限制人的自由,相反,它促使人实现尽可能多的自由,所以,违背目的论真理的结果不是受到惩罚而是表现为生活的欠缺。对这种欠缺的意识就是所谓的遗憾。即使一个人非常迟钝、感受力低下,以至于的确没有意识到欠缺,也就无所谓遗憾,他在生活上的欠缺仍然是主观感觉涂抹不掉的一个事实,这一欠缺性事实就是:无论他在主观上是否感觉到,他确实没有进入某种他本来能够进入的好生活。欠缺某种可能生活就意味着欠缺某种可能的幸福。事实上只有未被获得的幸福而没有哪一种幸福是人所消受不了的。由于每个人的生活都有着不同程度的欠缺,所以我们只能追求更好的生活而不是完美的生活。

现在问题已经很清楚：我们不能通过解释或意愿去定义目的，任一存在 X 的目的只能由其存在的规定表现出来，或者干脆说，X 的目的就是 X 存在的功能的用途。这意味着从存在本身去看它的目的，即属于存在本身的目的，而不是从外在于这一存在的观点去强加给它某种"目的"。这其中有一个简单的道理：一个存在必须首先自身具有意义，然后才能对别的存在有意义，比如说一个人或他的行为必须自身是有意义的才是对别人有意义的。这种先在的自身意义也就必须首先被尊重，否则不可能树立真正的价值。无论是一个人的观点还是集体的观点（规范），如果不以目的论观点为前提，就不可能引导出真正怀有善意的人道主义。"个人"和"集体"是伦理学中两个荒谬的基点和典型的教条。如果说由个人观点到集体观点是一种文明进步的话，也无非是由赤裸裸的愚昧争夺变成了虚伪的明智争夺。与此不同，目的论观点以每个人、每种行为、每种生活、每种社会存在为基点去看问题，只有这样才会有值得思想的问题，否则就只有实践上的策略问题，个人观点和集体观点根本就不是思想上的问题，仅仅是重演了行为冲突的实况：在实践中能解决的都已经解决，不可能解决的仍不能解决。如果不是以每个人的角度去理解价值，就必定是以迫害一部分人的观点去强行树立规范。奇怪的是，恰恰是规范主义者经常鼓吹某种夸张的人道主义理想，这种思想上的矛盾如果不是逻辑混乱所造成的错误，就是出于现代社会典型的虚伪。

既然一种存在的目的只能由这一存在的规定或者说功能设置所表明，那么我们就必然遇到一个知识论问题：我们如何知道一种存在所规定的功能是什么？有许多事情的功能可以说是明文规定了的，例如体育比赛，它是一种体能的竞技形式，争取尽可能高的名次是参赛者的一个明显的目的，于是很容易看出以下判断是价值真理：

（1）冠军比亚军好。

（2）不服违禁药品并且得冠军是好的。

尽管有的人可能对冠军不感兴趣而故意把球踢得奇臭无比，但人们决不会认为这是参加比赛的合目的行为而至多认为这是一场成功的胡闹，总之是另一种行为。实际上，生活中绝大多数事情的目的都是显而易见、众所周知的，例如法律当然意味着以公正的方式去明确公民的权利而决不可能意味着迫害无辜、草菅人命；做一个军人就意味着服从命令并且英勇作战；做一个公务员就意味着廉洁奉公；等等。这些所意味着的东西就是目的论承诺，即一种存在之所以有必要成为存在的条件。

在日常表述中，目的论句型与规范句型经常被混为一谈，比如说上述的目的论句子可能会被说成"法律应该是公正的""军人应该是勇敢的"之类。在日常表述中比较随便地使用语词算不上是一个毛病，但是因此就把理论问题搞乱却是有害的。表达目的论承诺的目的论句子从功能的角度说明一种存在作为存在的资格，而规范句子则表达一种存在试图对另一种存在的约束。或者说，目的论按照一种存在对自身的目的论承诺来要求这种存在，而规范则按照外在于一种存在的某种约定来要求这种存在。尽管在日常表述中人们把"应该"用得过于广泛，但其中的逻辑意义毕竟不同，从以下例句可以看出这两种意义的区别：

（1）一辆被毁坏的汽车算不上是一辆汽车。

（2）一幅极为拙劣的画算不上是一幅画。

（3）不应该每年都换一辆豪华汽车。

（4）不应该把画竖立在公路中央挡道。

很显然，（1）和（2）属于目的论句子，（3）和（4）则是规范句子。如果把（1）表达为规范句子如"一辆被毁坏的汽车不应该是一辆汽车"确乎是可笑的,当然这主要不是一个可笑的问题,诸如上述的"法律应该是公正的"这类句子看上去并不可笑——语言惯用法允许这种用法。关键在于混淆目的论句子和规范句子会造成一个理论上的困难:"应该"只不过是一种约定的要求,既然我们可以约定某条规范,就同样可以约定另一条与之不同甚至相反的规范,于是,当把"应该"与"意味着"混为一谈,我们就不再有任何真正的根据,由此不难看出像"法律应该是公正的"这类句子虽然在语言惯用法上没有毛病,但在逻辑意义上却有着严重的失误;如果可以说"法律应该是公正的",那么一个暴君以同等的思想权力可以说"法律应该是不公正的"。事实上,相对主义的思想方式总是有限度的,至少相对主义原则本身不能被相对地理解。这说明,如果没有某种绝对的根据,任何事情实际上都是没有意义的。在伦理学中或者说在价值问题上,目的论就是规范的绝对基础和根据。

现在的问题是,尽管大多数事情的目的可以由我们对这些事情的设计中直接看出,但仍然有一些根本性的即基础性的事情的目的并非直接可见,确切地说就是生活或做人。这两者实际上是同一的,做人就是有意义地生活,而生活就是去做人。人生问题之所以尤其困难,是因为它是其他事情的总背景,我们参照这一背景能够相对简单地理解其他事情的目的。无论是政治、伦理规范、法律,还是工业、艺术、科学,都是相对于生活而具有意义的,而这一背景本身却不再有背景,其他任何的目的都产生于这一背景,所以无法被用来说明这一背景。人的创造性使人生失去了背景。生活的目的就在于生活本身,它的目的是自足的,确切地说,生活自成目的(autotelicity)。任何超出生活的东西对于生活都是无意义的,生活是生活意义的界限。这一点决定了在人的生活之外设想某种更高的目的必定是莫须有的。实际上对生活的反思根本无需通过各种神秘的、复杂的设想，而只需一种相当简单的方法，即比较。于是，"做人意味着什么"这一问题就等于在提问"做人是如何区别于做另一种东西的"。这其实是一个古老的问题。令人惊讶的是，思想家总是在这类古老而又基本的问题尚未被解决的时候，就迫不及待地去制造并研究大量的貌似"更深的""更先进的"问题，这种思想的盲目性是造成复杂而无聊的现代思想的一个原因。

关于人生的理解有两个经典错误：其一是只关注人的存在与其他存在形态学上的差异而以为他们在目的论上本质是一致的，即以为人与其他生物都是为了利益而生存（正如俗话所说"人为财死，鸟为食亡"），尽管生存方式有些不同。这表现为人的生活是政治性或礼治生活。这等于说，其他生物以直接的野蛮的方式追求利益，而人只不过以"文明的"其实就是虚伪的方式在追求利益，那么，人的生活的意义就等于是以虚伪的方式去生活。这种形态学上的差异其实是微不足道的，按照这种观察方式，人类社会只不过是稍微高级的动物界——现代文明的确正在努力把人制造成高级人猿（职业化人猿、博学人猿或高体能人猿），未来社会就像是制造这类人猿的工厂。其二是为了使人看上去更高尚一些，从而把上述的形态学上的差异强化为社会学上的差异，即以为人的生活意义就是为规范而生活。如果人所追求的高尚形象无非是规范所提倡的形象，那么又怎么能够知道这些规范本身是不是高尚的？以规范为根据实际上就是放弃一切根据，就是以规范这种本来是人化的形式把生活非人化，其结果同样是走向某种高级人猿社会。

无论是利益还是规范都不是人类生活的目的，因为它们都不能构成人类生活的特征性明证。与此相关的两大伦理思想——功利主义和规范主义——从不同方面鼓励了人类生活的异化。事实上利益和规范都只是目标,它们相对于生活目的来说永远是手段。根据前面的分析,我们已经知道,尽管人与其他生物在形态学上所追求的东西有区别,但却不是决定性的,社会生活这一生活特征并不是目的论上的生活特征,社会生活和自然生活都只是处理利益关系的不同方式。虽然可以肯定,社会生活显然更有利于人的存在,但我们也可以追问它到底有利于人去做什么。这才是一个目的论问题。

人的存在就其存在论承诺而言,与其他生物在追求快感经验这一点上是完全一致的,所以行为主义心理学才有可能根据这一趋乐避苦原则来研究人的一部分行为。但是,人的存在目的只能由目的论承诺来说明,通过比较可以发现,人的生活与其他生物的生存真正具有决定性的区别之处就在于人的生活是创造性的,只有创造性才能使人的生活具有不可还原的意义,才能标明人的存在身份。创造是创造者唯一自足的目的(这一点人与上帝相似)。由于人是集体性的存在,所以人需要社会机制包括各种规范来保证创造的现实可能性。社会不具有自足的目的,它只能以生活为目的,如果一个社会有利于创造性的实施则是一个合目的社会,是一个为人社会;如果相反把社会机制当成生活的目的,则是一个异化社会,是一个治人社会。在一个"文明的"异化社会中,它剥夺生活创造性的方式主要不是强制(这有时反而激发创造性)而是规范约束——通过可以灵活解释的法律、官僚系统、垄断的宣传、迎合庸人的行为规范、机械刻板的教育、专门有利于庸人、政客的民主体制、渗透一切的商业关系以及过分夸大的体育热情,等等,这个异化社会企图把每一个人制造为社会机器中的任一变元。那种会开汽车、会看文件的文明人猿的自我中除了政治、经济、规范和时尚观念之外根本没有属于自己的创造性经验,他完全"长得跟教育似的"(王朔语)。

生活的创造性冲动事实上是每个人的天然冲动，所以它是普遍必然的人生目的。各个人想做的事情的确因人而异，但不管每个人想做的是什么事情，他都力图使"做"这一活动本身成为有创造性的。这就是为什么我们不可能从所做的"事情"而只能从"做"发现生活的目的。对于每个人来说，每一件事情都是一个可选择的对象，但是创造性的生活却不是可选择的对象。如果一个人实际上缺少创造性生活，这决不是由于他不想过创造性的生活，而是由于社会的强制的或非强制的约束剥夺了他过创造性生活的机会和条件。人生来是创造性的，就像人生来是自由的一样，其实，创造与自由几乎是同一的，没有创造的自由只是一种免受约束的自然状态，只是闲置着的创造权利，至少可以说，自由只有被用来进行创造时才具有意义，否则就只不过是没有被动用过的可能性。所以说，创造性的生活既是人存在的目的，同时也必定是人的意愿。除非一个人久负重压已经不想做人，否则创造性生活必定是——由于天然是——他的愿望。

创造性生活是非常平易的生活，思想或艺术上的天才式创造只是创造性生活中极小的一部分，实际上人的创造性可以渗透在生活的每一方面之中，无论是爱情、友谊、家庭生活、养育子女，还是劳动、交往和工作。

6. 价值论证

由于一个伦理判断不是一个可以证实的事实命题，所以需要价值论证。价值论证并不需要特殊的逻辑，但在逻辑之外仍然存在着另一个技术问题，即前提的可靠性问题。

前提充当着一个判断的理由。理由必须是普遍必然的而不能是相对主义的。相对主义有着两处致命的缺陷:(1)相对的理由必定退化为代表某种利益和趣味的立场,因此只不过是重复了实践中的难题而根本无助于解决难题,所以相对的理由是无用处的。(2)相对主义本身在逻辑上不成立,因为承认相对主义原则意味着这一原则也必须被相对地理解。

现在我们讨论普遍必然的理由是如何可能的。通常有三种不恰当的论证,例如对于"偷盗是不正当的"这一伦理判断,可能会这样被论证:

(1)偷盗是不正当的,因为一个人在未经他人同意的情况下占有了他人的财产是不应该的。

(2)偷盗是不正当的,因为这是规范所不允许的。

(3)偷盗是不正当的,因为这种行为损害了他人的利益。

在论证(1)中,所给出的理由实际上只不过是对偷盗进行了解说,不能构成价值判断的理由。在(2)中,所给出的理由只说明了一种现实情况,同样没有构成"偷盗不正当"的理由。(1)和(2)都属于离题论证。至于论证(3),表面上看起来是合乎要求的,但实际上所给出的理由隐含着一个未经证明的原则"损害他人利益是不正当的",我们必须意识到,虽然几乎所有正常人都认为损害他人利益是不正当的,但这一原则并不因此就无需证明。论证(3)并不是一个错误论证,但却是一个不完全的论证。为了构成完整的论证就必须不断探求更深的前提,由此可见,价值论证与其他种类论证一样都依赖有限的某些最终的前提,这些前提必须显然是可靠的。

按照前面的分析,要使得价值论证的前提是可靠的,它必须满足(1)它是一个价值真理。很显然,除了真理,其他观念缺乏足够的必然性，我们可以接受也可以怀疑任何一种意见，缺乏足够的必然性的观念就注定弱于怀疑态度，也就不可能具有普遍性。非真理性的价值原则恰恰是无价值的。（2）它所表明的是一种自足价值。假如一种价值不是自足的，那么它就不是足够基本的，它还需通过有利于另一种价值才成为一种价值，或者说，它是派生性的。而只有自足的价值才是原生性的，才能够充当绝对前提。根据以上这两个条件，只有目的论命题适合作为价值论证的绝对前提，因为一种存在努力进入某种对自身好的状态，这有着充足的自足理由，并且这一点是无可置疑的。

可以与其他一些理论略作比较。许多伦理学家相信价值论证的绝对前提可以通过定义的方式来给予明确，即以一个陈述性句子（事实语句）来替换价值判断。这将面临由事实判断不可推论出价值判断这一著名的难题。如果坚持以事实来推论价值必定会导致一些非常实际的困难。例如把"好"定义为"欲望的对象"，假定这一陈述化的定义蕴含"我应该获取所欲望的东西"，那么也就可以进一步蕴含"我应该获取他人的财产"。可以想象大多数人就会发生冲突，这时无论如何再也无法推出谁应该和谁不应该怎样做才是好的，比如说无法推出实行强权是好的或者让步是好的。另一些伦理学家采取的立场几乎是相对主义的立场，他们相信价值判断只是表明了一种情感态度，只不过是劝告或建议，这实质上不可避免地成为一种宣传和欺骗，所谓"好"也就似乎取决于欺骗的水平。这种所谓的价值语句永远弱于怀疑的力量，而且根本无法说明为什么要通过欺骗而不是通过强权来推行所持的价值观。这种情感态度对于实践来说是毫无意义的，它解决不了任何问题。另有一些可以说是比较谨慎的伦理学家认为价值判断虽然不是相对的，而且也无法以事实语句来表达——价值有某种几乎说不清的性质，不过人们有着关于价值的直觉知识,也就是说,一件事情好不好几乎是自明的(self-evident)。这虽然回避了许多伦理学上的困难,却卷入了知识论的困难。"自明性"是一个难以把握、难以想象的观念。所以我们只能寻找"显明性"(evidence)而无法指望"自明性"。而且,即使我个人具有这种直觉知识,我也无法由此推断每个人都具有这种直觉知识,也就是说,自明性的普遍必然性永远是一个幻想。实际上回避伦理学上的困难不等于解决了这些困难。像摩尔那样认为"好"如同"黄色"一样是一种简单可知的性质,无非是一句典型的空话。我们所需要的是把"好"明确正面地指出来。相比之下,以目的论为根据的价值理论有着更多的理论优势,正如前面已经论述的,目的与事实是相容的,这使得目的具有绝对性;但目的又比事实更丰富,它是有利于事实自身的发展方式,这意味着超出事实概念的价值性质;而且,这种价值理论不会卷入知识论困难,虽然好的感觉是一种冷暖自知的直接感受,但合目的的行动方式却是普遍必然的某种方式,其普遍必然性可以由这种行动方式所必须满足的客观条件显示出来。

确定了以目的论命题(X means to be … 或 X is meant to be …)作为基本的价值真理,我们就不难构造一种具有普遍必然性的价值论证方式。由于伦理学关心的是实实在在的生活问题,而不是纯粹想象的或纯逻辑的可能世界,所以,价值论证必定是一种包含有事实命题的混合论证,其一般形式是:

(1) A 意味着 a,并且

(2) 实现 a 需要满足 B、C、D……

(3) B 意味着 b,并且

实现 b 需要满足……

C 意味着 c,并且

实现 c 需要满足……

D 意味着 d，并且

……

可以看出，(1)表达了基本价值真理。(2)则是事实真理，在(2)中，B、C、D 之类就其本身而言是无价值的，即不具有自足价值，但由于有利于基本价值 a，因此也就被赋予了价值。

第 3 章

道德的维度或生活的维度

1. 行动与行为

根据前面的分析,我们已经获得这样一些重要结果:(1)价值问题并不是规范的问题,或者说,什么是"好的"不同于什么是"应该的"。如果不以关于"好"的意识为前提,所谓的"应该"便是空话,以规范作为价值判断的根据就等于放弃任何根据。规范自身的这种无根性决定了规范判断不可能是价值判断,这两者的混淆是伦理学的一个传统性错误。(2)价值问题也不是事实问题,虽然价值问题是从事实问题中生长出来的——这一点决定了价值判断与事实判断的相容性,但价值问题比事实问题要丰富得多,价值判断是演变扩展了的事实判断——这一点决定了价值判断与事实判断的相异性。由于价值判断是事实判断的创造性扩展,所以价值判断不可能被还原为事实判断。追求这种不可能实现的还原只能是野心勃勃的科学幻想。(3)价值判断在本质上能够表达为目的论判断,如果一个目的论判断能够指明一个存在具有自足的目的或指明一个存在对某个自足存在具有意义,那么它是一个价值真理。自然目的论判断对于人的生活是多余的,由于人的自由存在是一种目的论的起点,对于人的生活来说,只有人学目的论才是有意义的目的论。

传统的事实判断与规范判断的断裂对立或者说 to be 和 ought to be 的二分注定了伦理学的困境。由事实判断的确推论不出规范判断，那种企图把规范判断还原为事实判断的科学幻想实际上只有在忽略人类某些独特性质时才是看上去可能的。可以考虑这样一种典型的科学还原，它把遵循规范的行为改写为"如果这样做（不这样做），我将得到奖励（惩罚）"。按照这一形式，一个法官是否可以为了获得巨额贿赂而进行不公正的裁决呢？也许科学主义者会辩解说，法官通常不至于进行这样愚蠢的冒险，而且公正的裁决会给法官带来名声和荣誉（这是"更大的"奖励）。那么这是否意味着，法官可以一方面以保险的方式收取贿赂（比如说杀人灭口），另一方面进行公正裁决，从而获得双份奖励？如果进一步辩解就会需要诸如"良心"之类的理由，可是这些理由恰恰是事先被还原掉的。科学式的还原在其还原过程中损失过大以至于无法恢复本来面目。另一方面，规范也不可能来自某种纯属假想的"更高的"精神境界，就好像是神的命令。这种假想的理由依赖着信念，一个人有可能被说服相信某种东西，也同样有可能怀疑它。任何一种信念在思想上都弱于怀疑的力量，这一点决定了我们不可能平白无故地由于倾听到某种规范的倡议就接受它，也不可能莫名其妙地为规范而规范，就好像在进行游戏。有一点特别值得注意：规范作为一种约束，必定迫使我们的自由本性做出某些让步，出让某些权利，如果不是因为规范所带来的好处大于规范所带来的损失，我们决不可能需要规范。这就是为什么我强调规范就其本身而言是没有道德价值的。

如果坚持以 to be 或 ought to be 的角度去思考人生，就等于准备选择狭隘的、歪曲的、市侩的观点或者选择离谱的、可疑的、迂腐的观点。这是一种不合理的二元选择，就好像要人在贪污或欺骗之间进行选择。只有基于这种断裂的二分法才会有所谓"野兽加天使"之类的陈词滥调。规范判断不能由事实判断推论出来,但规范却是在事实中产生的,所以,规范的基础必须是一种不同于事实却又与事实一致的另一种判断。经过重新定义的价值判断——以 to be meant to be 为形式的目的论判断——显然是联结 to be 和 ought to be 的另一种判断。

从目的论的角度来分析,人生活动有两个原则:行动原则和行为原则。行动(action)和行为(behaviour)在现象学描述中都无非是有意向的操作,但在目的论中却有着根本的区别。一个活动,如果它表现为以可能的方式达到某种结果,那么它是一个行动;如果表现为以被允许的方式去行动,则是一个行为。可以说,一个行为就是附加了规范意义的行动。例如,以最好的配方制造一种药品是行动,以合理的价格或以不合理的价格出售药品是行为;尽最大努力去踢一场球是行动,以正当的方式或通过贿赂裁判去赢球则是行为。如此等等。可以看出:

(1)行动原则是一个质量原则,它要求的是合格性,即合目的性。做 X 就是做 X 所意味着的事情,否则就不是 X。这是一个比"应该还是不应该"强硬得多的原则。对于"应该还是不应该"的问题总有狡辩的余地,而对于目的论原则却不存在这样的余地。

行为原则却是一个模态原则,它要求的是合理性,即合乎规范。做 X 就是按照规范 N 去做 X。

(2)行动原则是一个自足原则,尽管事实上人的行动经常是涉及他人的,但行动的意义却在于"为自己而做",或者说"做给自己看"。但这在本质上有别于"慎独"原则,慎独意味着在没有他人在场时,自己充当一个他人来监督自己笃守某种所接受的规范。行为原则意味着把自己的事情做得使自己满意。

由于人类存在表现为自由个体的行动以及个体间的合作行为，所以，行动原则和行为原则都是不可或缺的。可是这两个原则之间存在着矛盾——自由与让步注定是相互矛盾的，看起来这里有一个何者优先的问题。不过其中的优先性不可能从实践中直接看出来，因为在实践中这两个原则几乎同等重要。人们早就意识到这样两个基本事实：一方面，每个人都追求属于自己的幸福；另一方面，每个人又都只能在人际关系中去谋取幸福。前者导出了行动原则，后者则导出行为原则。从这两个不可分的事实中找不到解决矛盾的途径。所以伦理学不去分析在事实领域中哪一个事实更重要，而是分析在生活意义领域中哪一个事实更重要。

既然行动原则和行为原则在事实上同等重要，这一性质构成了一个天然的限制，即我们在考虑这两个原则在意义上的优先性时并不是站在某种立场上为某一原则作特别的辩护，而是考虑在这两个矛盾的原则中哪一个原则蕴含着消解矛盾的可能性，或者说，在哪一个事实中隐含着消解与另一事实的矛盾的可能性。

行为原则缺乏产生这一消解力的能力，因为制定规范——无论是独裁地还是民主地去制定规范；无论是以神命为借口还是以民众为借口——无法克服其固有的盲目性。如果可以盲目地制定某种规范，也就可以同样盲目地制定另一种与之相反的规范。根据规范，我们并不可能因此知道这种规范所塑造的生活是否就是我们所可能获得的好生活。事实上规范总是随时代演变，甚至干脆表现为时尚，在愚蠢地追随愚蠢的时尚过程中，许多人被塑造成只活给别人看的人。由于行为原则缺乏证明自身的能力，我们最终只能求助行动原则。

行动原则的优势在于它直接是一个合目的论原则。只要一个行动是合目的的，它就一定是有意义的并且引起幸福感。即使站在行为原则的立场上去看，行动原则的优势仍然是明显的。如果一个人连他想做的事情都做不好，那么他想做却做不好的事情是否合乎规范实际上就变得相对不太重要。如果一个人没有自尊，那么别人是否应该尊重他也同样是不重要的。如果一个人不在乎自己的生活是否有意义，那么他也不太可能在乎别人的生活是否有意义。

甚至我们还可以发现，如果一个人只按行为原则行事，即盲目地遵循别人所要求的规范，那么，他对规范的服从也就变得不重要——因为反正他总会遵循规范，一个完全奴化的人遵循规范只是理所当然的而不是有价值的。总之，如果一个人在行动上是无价值的，他在行为上也就没有价值；如果一个行动是无价值的，这个行动就不会是一个有价值的行为。

此外，行为上的有罪总是小于或等于行动上的有罪。也许在某些地区，离婚被看作是在行为上有罪的，在另一些地区自由离婚则是合理的行为，可以说，行为上的有罪经常是偶然约定的，除非它恰好在行动上也是有罪的，否则就不是必然的犯罪。这里有一个值得说明的重要问题，人们是因为共同认可某种规范才构成了一个集体，而不是因为先是一个集体然后不得不认可某种规范，也就是说，人们不会莫名其妙地组成一个集体然后盲目地遵循某个规范（除非是被强制成为这个集体中的成员），而是自愿认可某种规范后才成为集体中的一员。所以，行为上的有罪表现为一个人认可某种规范但却又违反这一规范，这意味着这个人只希望别人遵循规范而自己并不遵循规范从而获得额外的利益。但如果一个人不认可某种规范而且并不冒充是这种规范的接受者而获得利益，那么他的行为对于这种规范而言就不是有罪的。由此或多或少可以理解为什么对于一个政府来说自由分子总是严重的敌人，因为自由分子往往不愿意为了获得某些额外利益而遵循政府提倡的一些规范。

这种对行为原则的批判也许会使有的人担心失去对道德犯罪的约束，其实这种担心是多余的，因为行动原则能够提供比行为原则更强的约束。道德犯罪从根本上说是在行动上或者说在目的论上的犯罪。有的时候犯罪看上去是对某种规范的违背，但假如违背这种规范的活动的确是有罪的，那么这一规范必定恰好与行动原则相一致。例如偷盗之所以是道德犯罪，不是因为它违背了"不许偷盗"这一规范，而是因为它违背了获得财产的行动的目的；获得财产的正当行动意味着做出贡献。但是假如一个行动违背某条规范并且这条规范与行动原则不能一致，那么这个行动只不过是犯规而已（这只是微不足道的错误）。例如某集体可能规定"不许自由恋爱"，这一规范显然缺乏目的论意义，因为如果不是出于自由根本就无爱可言。

于是我们获得这样两个结果：

（1）任何一个有价值的活动，首先必须是一个有价值的行动，然后才有可能成为一个有价值的行为。

（2）一种行为规范如果能够具备有效的批评力，当且仅当它能够为行动的合目的性所证明。

这就意味着，行动原则蕴含着合目的的行为原则。由于我们只承认能够与行动原则相一致的那些行为原则，也就是说，我们所设立的行为原则，我们所做出的任何让步，都必须尽可能有利于自由行动才有意义的，这样也就既消除了规范间的争端又消解了自由与让步的冲突。然而我们必须意识到，即使超越了规范，伦理学问题也仍然没有完全解决，可以说实际上我们所取得的进展仅限于澄清了价值判断的性质，即说明了价值判断不是以主观解释为根据的规范语句，而是以目的论为根据的价值真理。但是，我们将会注意到，原来以规范冲突形式所表现出来的种种伦理学难题将转变为以价值冲突形式在目的论层次中表现出来,不过,在目的论中解决这些难题是有希望的(我们已经知道在规范论中根本无望解决这些伦理冲突),因为目的论的解决不再是为某种立场的蓄意辩护,而是力图发现不属于任一立场的真理。

2. 自由的实质化

全部伦理学问题都起源于人的自由。假如人本来就没有自由,人的活动就只是盲目遵循自然规律和行为规范的活动,这种盲目性不给予伦理学问题任何得以产生的机会。可以说,自由并不是一个伦理学概念,我们不能说"人应该是自由的",这种软弱的说法似乎暗示着我们也许可以找到另一种理由来断言"人不应该是自由的"。自由是一个前伦理学概念,或者说是一个作为伦理学基础的概念,它必须以更强的方式被表达。

在前面我们曾讨论到人的完整概念是以含有存在论承诺和目的论承诺的形式表达出来的,即 $\exists(x)(f(x) \wedge g(x))$。这一公式已经表明了人不仅是一个自然存在而且是一个自由存在,所以当说到"存在着某个人"($\exists x$),这个人 X 就是一个自由人。对于这个人来说,他的存在和自由是不可分的。如果把自由看成是某种价值,这仍然是对自由的贬低。自由和存在一样都是各种价值的前提,所以人们一直把剥夺存在或自由当成是最严重的惩罚。由于自由和存在都是与生俱有的,所以自由和存在在严格意义上都不是被追求的东西,诸如"对自由的追求"之类说法都是错误的表达,这种表达把自由弱化为某种也许值得追求的东西。我们只能维护自由或恢复自由。只有在拥有自由的基础上才能追求各种值得追求的东西。什么是值得追求的东西，或者说什么是好的东西，都会在人的自由状态下明显起来，此时好的东西与我们所意愿做的事情是一致的，但是非自由状态则导致价值的晦暗性，在非自由状态中我们很容易把某些手段误以为目的，例如坐牢时便会把自由当成追求的目的，贫穷则想发财。这种境遇性现象并不意味着价值的相对性，而意味着自由是好生活的前提。一个人拥有多少自由就拥有多少创造好生活的机会。人们为自由而斗争，所争取的直接结果只是创造好生活的机会而还不是好生活本身。所以说，自由本身不是价值，但却是价值的前提。

虽然人生来自由，但什么是自由却是一个问题。自由必须被实质化地理解，否则没有意义，就像存在必须被理解为具体的存在，抽象的存在或抽象的自由都是荒谬的。确切地说，自由不是空洞的自主自决可能性，也不是免除种种约束的空洞状态，而必须落实为一些权力，于是，自由实际上表现为"主权"。

自由首先表现为否决权，或者说拒绝权。一个自由人能够故意不做某种事情，他才有可能做他想做的事情。如果一个人被剥夺了否决权，也就剥夺了自由，他将不得不做所强加给他的事情。最高权威总是与最后否决权联系在一起的，这是众所周知的事实。一个人拥有否决权并不必然就是一个合目的的人，但一个没有否决权的人根本就没有机会做一个合目的的人。

其次是选择权。仅仅拥有否决权，仍然不构成自由。一个人可以否定一切，甚至可以什么都不做，这只是一种空洞的状态，什么都不做就意味着什么都没有，而什么都没有就等于没有使用自由，自由也就成了一个空洞的可能性而不是现实。自由必须成为实在的活动才有意义，否则就是被废弃的状态。当企图把自由实现为某种活动时，就有了选择问题。选择权表现为一个人能够拒绝某种事情并且选择去做别的事情。伦理学问题总是表现为选择性问题（p或者q），而不是表现为遵循规范问题（应该p并且不应该q）。通过选择，自由开始成为现实。

最后是创造权。既然选择去做某种事情，就不可能选择做无创造性的事情。只有在两种情况下一个人可能"选择"（其实是不得已或者自暴自弃）去做无创造性的事情。一种是不得不接受约束；另一种是无为，或者说顺其自然，结果都是放弃自由。这就是为什么自由必须投入到创造性的生活中才真正成为现实，否则永远是抽象的可能性，并不是真的存在。高度程序化的文明极其危险之处就在于用非惩罚性的方式（所以不太令人反感）去剥夺创造权，从而阻止自由真正成为现实。

既然自由是良好生活的基础，人类为什么自由地制定出一些限制自由的规范？问题出在自由不是价值和目的，而是价值和目的的前提，当人们把自由通过各种追求价值的活动实现出来时，这些追求价值的活动有相当大一部分是互相冲突的，这就是说，自由本身虽是无矛盾的，但自由的活动却有矛盾。由于自由是一切有意义生活的前提，所以，为了保证有意义的生活，那些为了克服生活矛盾而设立的规范必须最大限度地有利于维护自由。在这里又再次回到我们讨论的主题：好的行为原则必须最大限度有利于行动原则，或者说，只有尽可能有利于行动原则的行为原则才会是合目的的。

3. 伦理主体与主体间关系

好生活或有意义的生活，与幸福生活是同义的。幸福生活（可以简单地说成幸福）就是人之所求。人在自由状态中所追求的就是幸福。幸福永远是属于个人的，尽管在一个良好的社会中有许多幸福的人，以至于看起来像是一个幸福的社会，但幸福不是一种可以分有的东西。所谓"为别人而感到幸福"指的并不是分有了别人的幸福，而是指一个人为自己所喜欢的人获得幸福而因此获得一种属于自己的幸福，因为他愿意自己所喜欢的人获得幸福。这两种幸福是不同的，而且分属于不同的人。同样，为了获得幸福就必须有个人自由，所以自由实际上总是属于个人的自由。此外还有生命（存在），也是个人的生命。这一切都说明了伦理学主体是真正个体化的主体。于是伦理学主体就从根本上区别于知识论主体，即一般意义上的主体。

在知识论中，如果一个知识论主体是有意义的，它只能是指普遍的、抽象的"主观性"（subjectivity），也就是相对于知识对象的那个一般性的主体，这种主体与对象的关系便是作为一般概念的人与世界的关系。当然，在实际的认识过程中，知识论主体的活动体现为一个心理过程。但是这一私人性的纯主观的过程并不影响思想活动的客观内容，也就是说，在思想时无论体验是什么样的，都无法决定思想内容的真值。所以，主体的私人性或者说绝对主观性在知识论中不起作用，也就无须被考虑。但是在伦理学中情况恰好相反，伦理学主体必须是一个私人性主体才具有意义，因为一切价值都必须体现为实实在在的经验。因此，只有在涉及价值实践时，作为完整个体存在的主体，即"肉身主体"（body-subject）才进入问题。在知识论中进入问题的其实只是半个主体，即思想性主体。在知识论中，排除私人性是为了获得真理，而在伦理学中，则通过真理揭示私人价值。

既然伦理学主体是一个私人性主体，幸福总是个人的幸福，有价值的生活总是体现为个人的幸福生活，那么，伦理学首要的原理就是一条在每个人身上（in everyone）都有效并且有利的"幸福公理"。这意味着，这一幸福公理必须尊重每个人的自由主权，简单地说，就是站在任意一个人的立场上为这个人着想，而不是站在高于个人的立场上宣布他应该谋取哪些幸福和不应该谋取哪些幸福。只有采取任意一个人的立场才能使一条原理在每个人身上都有效。但这并不意味着每个人都会有效地追求幸福，这一幸福公理仍然是一条批评准则，只不过这种批评不是表现为"你不应该这样生活"，而是表现为"你其实能够更好地生活"。

追求幸福是个人的事情，但人的存在总是在人类中存在，或者说，人的存在是依存性的，是一种共在状态，所以除了幸福这一问题还有着另一个同等重要的问题，即幸福的可能性。由人的共处所引起的幸福可能性问题不能狭隘地理解为利益的冲突和约束问题，如果不能正确地对待幸福可能性这一问题，就甚至不能真正理解幸福问题，这两个问题关系如此密切，以至于实际上是不可分的。从某种意义上说，这两个问题只是生活的意义这一问题的两个方面：由于伦理学主体是一个私人性主体，所以幸福必然落实为个人幸福；由于任何一个伦理学主体的存在是在主体间关系中获得意义的，所以个人幸福必然产生于主体间关系中。可以说，如果主体间关系不能造成幸福的可能性，那么任一主体都不可能获得幸福。庸俗的伦理观点经常表现为对主体间关系的误解：首先它只看到人是唯利是图的，于是就以为主体间关系所需要的只是让步性或约束性规范，更糟的是，它往往以为这种让步和约束意味着公正，结果把"公正"变成一个丑恶的概念。尼采对这种"软弱的"规范论的批判其实也等于只把人的唯利是图当成唯一前提。按照这种利益争夺和让步的思路，既不可能真正理解主体间关系，也不可能理解公正，人们就会以为"战争与和平"是人类生活的唯一主题。

人皆图谋利益，这是事实，利益冲突迫使人们约定某些规范，这也是事实，但是这些事实无法支撑起伦理学，对于这些事实来说，根本不需要伦理学。这类问题可以不经反思就在实践中解决。即使对这些事实进行研究，也是心理学和社会学的工作，伦理学所要揭示的不是"事实是怎样的"，而是"现在必须怎样和未来必须怎样"。所以伦理学是以目的论为根据的，它关心的是人类生活如何越来越合乎生活的目的，人如何越来越像人。

伦理主体间关系的微妙之处在于，虽然在事实上人和人必然要冲突，但在目的论上人又必然需要他人。我们不能把这一现象含糊地说成"又冲突又依存"了事，这类陈词滥调不但不能解决问题，而且容易搞乱问题。实际上人之间的冲突是非常具体的，总是表现为某种利益上的冲突，也就是说，在具体地卷入某种利益争夺之前，一个人对他人并无敌意。这里有一个问题，利益（无论是金钱还是权力）就其本身而言是无价值的，它的价值只是一种工具性价值，即它有利于开展幸福生活。这就是为什么利益只是一种"身外之物"，是一种非专属的、可被分配的东西。人们追求利益是为了最终获得自身的幸福，也就是说，人是为了幸福才去伤害他人的，可是，在另一方面，人的幸福又必须以爱护他人为条件。这一点虽然好像没有利益冲突那样显而易见，但实际上这是人们更深刻的需要。每个人所需要的父母关怀、爱情、友谊等等情感体验都以爱护他人为前提而无法通过掠夺得到；每个人所需要的文明精神（诸如科学、艺术等等）不但需要自己去创造，而且更需要别人的创造和协作，事实上单独一个人办不成任何一件大事，只能做一些微不足道的事情；甚至每个人所企图获得的绝大部分利益也都依赖于他人的存在，如果没有来自他人的敬意和支持，就无所谓名声、荣誉和权力，即使是财富也主要是给别人看的，因为个人所能享用的财富实际上少得不值一提。

人与人之间这种悖论性的关系只能通过一种"解铃还须系铃人"式的方法来解决。我们必须意识到，这种矛盾并非追求个人幸福的直接结果，而是以不正当的方式追求个人幸福的结果。这种不正当表现为一个人的幸福实际上是他人给予的（这就意味着必须给别人幸福也从别人那里接受幸福），却又想单方面地获得幸福，通常的手段是掠夺和欺骗。尽管事实上通过这些无耻手段并不能真的获得幸福，但却能有效地获取利益。尽管利益并不能保证幸福，但对于愚蠢的人来说，利益看上去像是幸福的替代物。利益的不正当分配便导致了双重恶果：一方面这种不正当的分配破坏了别人创造幸福生活的条件，从而使别人成为不幸的人；另一方面因为不幸的人没有能力给予别人幸福，于是，去使别人成为不幸的人，其结果就是别人不会给予他幸福，因此反而失去了自己的幸福，总之是普遍地破坏了合目的的生活。这就是世间的不幸如此普遍的原因。所以，幸福的可能性问题实际上是一个公正的问题，但是公正的原则不是一条规范，规范有可能是不公正的而且规范总是过于软弱（就像锁头只防君子不防小人）。公正原则必须是一条强硬的原则。

由此看来，伦理学的另一条重要公理是一条对每个人（for everyone）都有效并且有利的"公正公理"。它同样是目的论的贯彻，所以它与幸福公理是天然一致的：幸福公理表明一个人怎样创造幸福，而公正公理将表明怎样保护创造幸福的条件。或者从另一角度看，违背幸福公理，则一个人不是人（不是伦理学意义上的人，而只是生物学意义上的人），或者说，是不具有人的意义的废人。而如果违背公正公理，则一个人是人类的敌人，是人类的叛徒。

一个人的可能的幸福生活就是公正地追求幸福。

对应于幸福和幸福的可能性这两个基本问题，或者对应于幸福公理和公正公理这两个伦理学的基本原则，可以看出人的各种罪行实际上分属两个基本类型：其一是亵渎人的形象，往往表现为放弃做人的责任，不做人能做的事情，愚昧堕落，麻木肮脏，无思无觉，无情无谊，一如行尸走肉或者机器部件，对人类所有价值毫无敬意，这种人类渣滓的存在实际上污染了生活环境，他们构成了生活景象中令人作呕的部分。其二是不正当地损害他人，诸如偷窃、诈骗、贪污、剥削等等不仁不义之举。可以说，幸福公理是行动原则的绝对根据，公正公理是行为原则的绝对根据。除此之外的任何规范或意识形态都是可以怀疑的，因此也就都是权宜之策。幸福公理将揭示合情的生活，公正公理将揭示合理的生活。除了合情合理的生活，我们无法想象还有什么是合乎人的目的的生活。

4. 道德生活与伦理社会

也许以上讨论的伦理学问题看上去稍微有些脱离通常的伦理学主题，但这种偏离正是最重要的工作。实际上无论对于哪一种思路来说，伦理事实都是同一的，区别只在于在什么层次上说明这些事实。通常的伦理学是在伦理的层次上或者说社会的层次上去理解伦理事实，这种理解方式根本的局限性表现为它必然把伦理学变成某种伦理观点或社会观点，使伦理学脱离哲学而变成某一种意识形态，也使伦理学家变成持有某种伦理观点的人。每个人当然都持有某种伦理社会观点，可是人们究竟为什么还需要伦理学家？是人们喜欢听伦理学家介绍"善"这个词有多种用法，还是喜欢被伦理学家煽动？只要伦理学暗中站在某种伦理立场上，它就只是人们完全有权怀疑和拒斥的伦理观点而已。正如马克思主义所发现的，伦理观点总是有"阶级性"的。马克思主义伦理学是对那种意识形态化伦理学的有效终结方式：带有阶级性的观点之争终归表现为实践上的阶级斗争。恰如毛泽东所说的，凡是敌人支持的我们就反对。如果伦理学除了技术性的废话就是宣传，那么伦理学就是多余的了。

哲学（包括伦理学）只能是无立场的，只有这样才能避免陷于意识形态比如某种伦理社会观点之中。站在任何一种立场上都决不可能证明另一种立场是错的或坏的。我们能够想象用基督教伦理观点说服伊斯兰教或儒教伦理观点吗？或者想象相反的情况？如果某种立场观点终于改变了，这也不是通过说服而是通过诱骗和侵略。只有通过无立场的思考才能真正证明某种立场是错的或坏的。无立场的伦理学思维的根据就只能是目的论，目的不是一种立场。一辆汽车意味着它是一辆能够有效使用的汽车，这显然不包含立场。当以目的论方式去思考时，伦理学问题必然落实为道德层次或者说生活层次上的问题。

道德是一个与伦理截然不同的维度。伦理就是被约定的规范，所以伦理问题是"按照某规范 N，行为 B 是不是被允许的或是否应该"。道德是一个前规范概念，"道"意味着本然的存在方式，正如老子所说"道法自然"。"德"则是道的可能发展方式。对于自然存在，德实际上被强化为道的必然发展方式，自然之道必然有其德，所以自然之道德不是问题；对于人这种自由存在，德只是可能发展方式，于是出现所谓道德问题，即有德无德的问题。道德这一概念十分贴切地表达了目的论概念：对于道来说，德就是目的。由道而德就是某种存在意味着成为如此这般（X means to be so and so），那么，一个道德价值判断就是"你最好这样做"（you'd better do …），而不是像规范命令那样表达为"你应该……"（you ought to be …）。规范有可能违背人道目的，所以伦理规范的正当性必须由道德原则来批判。道德问题表现为"一个行动或一条规范是否合乎道之目的"。在西方伦理学传统中似乎没有与道德相应的概念，virtue可能是一个相似的概念。

规范是人设立的，是为了尽可能地保护人的价值，否则就违背了人的目的，也就是说，人的价值是自足的，这种价值由人的目的直接显现出来，而伦理规范的价值是非自足的，它必须在有利于人的价值时才具有价值，这一点的理由就在于人是规范的设立者。所以，伦理规范需要通过道德批评才能获得价值上的认可而不仅仅是事实上的认可——获得事实上的认可是简单得多的事情，无论是通过诱骗、宣传，还是集体强制和强权命令，都可以使得一条规范在事实上被认可。一条好的伦理规范必须按照道德价值来接受。

这里涉及一个经典难题：伦理规范是否能够与道德相一致。著名的反对观点可称为"道家论证"。老子指出，道的本然状态天然具有良好的性质，否则它就不可能是一切之根本，所以道的自然性本身不会有妄作之误。要使人们的自由行为也具有良好状态，显然必须与道的自然状态相一致，所以，自由的良好应用就是自由地去选择自然，也就是所谓"为无为"，即为无伪，自由而合乎自然；而仁义礼规总是非自然的，伪巧的，于是老子说："大道废，有仁义，智慧出，有大伪，六亲不和，有孝慈……"所以"绝仁弃义，民复孝慈，绝巧弃利，盗贼无有"。但道家论证实际上并不充分，所以儒家有可能给出"儒家论证"：道德可看成"虚位"而仁义则是"定名"（韩愈语）。孔孟的确倾向于把"仁"看作是人的自然心性，也就是道在人身上的实际体现，于是也就有仁者爱人或仁即人心之说。这一辩解是相当有力的，因为尽管人道与天道一致（这一点似乎是中国哲学的共同看法），但人道之所以是人道，当然有其特殊实质而不可能完全合乎自然而"为无为"。由此看来，儒家论证是有可能消解道家论证的。然而,儒家在由"仁"引出"义"和"礼"时却存在着逻辑上的困难。对于儒家来说,义礼的引出是极其重要的,如果不导出义礼,"仁"就会像"道德"一样缺乏实际结果或实践上的意义。首先,"仁"必须具体化为行为模式,在此孔孟利用了一个最易打动人的事实"亲亲",更具体一些即父慈子孝、兄良弟悌之类。可是当这种解释被推广为社会规范时,所使用的既不是逻辑证明,也不是事实证明,而是暗喻,于是,按照某种似是而非的类比就引出"敬长""忠君""尊尊贵贵"之类的规范。问题在于,真正支撑起这类规范的东西并不是"仁"(类比不能解决问题),而是某种社会观点和立场,这类规范恰恰又变成了道家论证的批判对象,恰如老子所说:"夫礼者,忠信之薄而乱之首。"可以说,儒家的出发点是"亲情原则",由亲情所造成的人际关系自然而然是和谐的,这并不需要规范的约束。而"等级原则"却是人为的规范,亲情原则并不必然蕴含等级原则,或者说,由"家庭"原则推导出"社会"原则实质上纯属幻想。

这一经典难题是极具代表性的。如上所述,道家论证在道理上较易成立,但却付出了严重的代价:那种"绝圣弃智""绝仁弃义""绝巧弃利"的所谓"素朴"生活实际上是稀里糊涂、贫乏无聊、缺乏创造性和缺乏人生特点的生存。问题出在该论证的前提上,道家意义上的人道实在是缺乏人的根本实质。根据这一贫乏的前提,必然引向庄子式的无聊无赖、逃离生活而又毫无真实感地幻想"同于大道"的自我欺骗。儒家论证虽然是积极的,但却在道理上弄虚作假,想把某一种意识形态的观点说成真理,这同样是一种幻想。

我们必须承认这样的事实:从起源上说,伦理规范起源于利益的分配和人际冲突的调节,所以伦理不可能天然地合乎道德,不可能不经过批判和改造就自然而然地具有道德意义,尽管有些伦理规范在出现的时候就碰巧与道德一致,但这毕竟是非本性的,偶然的。于是,要使伦理与道德相一致,不是由道德强行"推出"伦理,而是按照道德原则去强行治理伦理。这意味着既要放弃道家态度,也要放弃儒家态度。

"道德"这一概念必须在目的论意义上重新给予理解。无论人的存在与自然存在有着何种程度上的一致性(天人合一),即使人的存在总体上受到自然的高度制约而使得人只有很少的自由,人的自由问题仍然不可能还原为自然问题,也就是说,人道不能还原为天道,也即不能还原为 to be。人的自由在自然中可以说是一个小问题,但对于人自身则是一个最大的问题。伦理学关心的正是这个自由问题,在其中无需卷入宇宙论式的视界(诸如"与天地混为一体"之类的感觉是豪迈的文学想象,但却是贫乏的哲学幻觉)。既然人之道是自由之道,人之德便是自由地创造生活。自由的生活是基于自然的生活但却不是归于自然的生存。老子所鼓吹的不言不语、不行不见、无事无欲的存在只是生存而不是生活。显然,生活必须是创造性的,否则人之道就成了废弃无用之道。所以,道德这一维度必须与生活的维度结合在一起才成为完整的目的论理解方式。这一结合使得道德不再意味着"惟道是从"而意味着"开道而行"。这就是说,自然之道只是人道的起点,而人道是按照人的存在目的来展开的。

人的存在是为了有意义的生活——有意义的个人生活和人类生活,但绝不是为社会而生活。当然人总是在社会中生活,但社会是为生活服务的而不是相反。伦理学通常充当社会的设计方案而不是进行生活的反思,前者所涉及的只是非常表面的问题,而且,如果不进行生活的反思,就不可能有任何价值判断的根据。

所以，尽管生活需要社会，但我们却必须从生活中而不是从社会中去看问题，前者是生活的观点而后者是社会的观点。任何一种社会观点，即从社会的需要去考虑问题的观点，都是反生活的观点，这种观点误以为伦理问题是一些社会问题，以为一切不幸都是由糟糕的社会造成的而与糟糕的生活意识无关。然而，一个好社会并不一定能保证好生活，如果一个人缺乏健康的生活意识，如果他自甘堕落，好社会也不足以拯救他。事实上好社会只是好生活的一个必要条件而非充分条件，借用马克思主义者的一个概念，好社会只是一个"外因"。一些缺乏健康生活意识的人往往不去改变一个坏社会而选择逃离这个坏社会，他们以为在身处一个好社会之前，生活尚未开始。其实对于这种人来说，生活永远不会开始，因为他没有生活的感受力，而且任何一个好社会对于他永远是一个坏社会，没有一个社会会特别有利于他。生活性的悲哀比社会性的忧虑要深重得多。

尽管人们需要好社会，但从根本上必须为生活着想而不是为社会着想，因为社会的价值不是一种自足的价值。为社会而社会是难以想象的，为生活而生活却是理所当然的。如果一个社会不利于开展有意义的生活，它就是一个坏社会。可是就社会本身的倾向而言，社会性的机制要求却总是倾向于违背生活本性，也就是说，一个社会的机制越完善，生活的自由本性就越受到约束，当社会变成机器，生活就变成固定程序。就许多方面而言，现代社会比过去的社会有着更完善的机制，但现代生活的焦虑显然比过去多得多，尽管现代人表面上更倾向于自由选择，但实际上却受到更多的约束，尤其是那些"不在当场"的社会产物以潜在方式所施加的约束，结果所谓的自由选择只不过是被强迫为暗中受支配：受各种似是而非的意识形态的支配，受官僚程序的支配，受各种社会化了的本来并没有意义的欲望的支配。或者说生活赋予社会的目的是充当生活的保险。然而，当人们建立起足够有效、足够完善的社会，社会就走向异化，就好像社会有了自己的意志，有了脱离生活所赋予它的目的之外的目标。这是因为一个社会如果足够有效，它就必须有足够复杂的机制和足够稳定的运行程序，于是，社会就不仅要为生活服务，而且还要为自身服务，要管理、维护自身。可以说，社会不仅要充当生活的保险而且要充当自身的保险，这两种责任难免是矛盾的。社会为自身着想主要表现为官僚系统化、秩序整一化、使生活模式化和时尚化。无论是独裁体制还是民主体制，社会总是塑造集体生活而不是集体中的个人生活。在集体生活中，行为冲突和行为模式（正如勒邦所发现的那样）就像瘟疫一样广为传播，在类似催眠的状态中人们成了没有反思意识的文明化的野蛮人，一个煽情者的蛊惑会使人们迅速相信迷信、盲目地追随时尚或投入一场运动，使无害的群众突然变成暴民，而这种蛊惑和宣传简单到只不过是对某种主张的不断肯定、重复和渲染。勒邦尖锐地指出，这些被社会剥夺了反思意识的人在煽动下可能试图摧毁传统但又很快会重新依赖传统，并再次成为传统的奴隶和变革的敌人。

事实上，我们不可能放弃社会，也不可能指望一个"完美的"社会。完美的社会根本就不是一个生活问题。我们只能指望一个好社会，即一个尽可能为生活着想而不是为社会着想的社会。所以在伦理学中我们只能采取生活的观点而放弃社会的观点，把一切价值问题最后落实在生活层次上，把社会看成是一个生活问题而不是把生活看成一个社会问题。我们在前面讨论到的儒家和道家立场共同的缺陷在于它们都是社会观点。无论所展望的是仁义社会还是朴素社会，在生活意义被澄清之前，这类观点都是无根的（大多数伦理理论都有类似的缺陷）。如果不阐明怎样才能创造幸福生活,其他一切宏论都是无意义的,因为没有人需要没有用处的东西。所以说真正的伦理学不是一种伦理主张,而是关于任何一种伦理的基础研究,这就决定了伦理学不是从伦理去看问题,而是从道德去看问题,不是从社会,而是从生活去理解价值,不是从行为,而是从行动去理解人的活动,而这一切都是为了阐明生活的幸福和幸福的可能性。

第4章

幸　福

1. 可能生活

　　追求幸福是每个人的生活动力，这是一个明显的真理。如果不去追求幸福，生活就毫无意义而且不可想象，那种几乎在任何一方面都不幸的生活是不值得过的。正如前面所分析的，伦理学首要的原则必定是一条"幸福公理"，而且是一条在每个人身上都有效的普遍必然的幸福公理。

　　幸福一直是一个尤其含糊的概念，尽管人们频繁地使用这一概念。首先必须区分幸福和幸福感。幸福感是一个心理学概念，它意味着经验着幸福时的心理过程，幸福感实际上无需讨论，每个人在从事幸福的活动时都能准确无误地获得幸福感，谁也不会在感觉上犯错，这就像一个人总能清楚地意识到另一个人是否真诚一样。由于人天然有着敏锐的感受力，所以企图在感觉上欺骗别人是一件愚蠢的事情，尽管有时有的人能逼真地表演某种感觉，就像好演员那样演得跟真的一样，我们仍然在感觉上没有受骗，因为既然演得和真的一样，那么我们就会准确地敏感到那种被表演出来的感觉。而一旦在某个地方演得不真实，我们同样马上就敏感到不真实。所以说，感觉不值得分析，反正我们不会在感觉上犯错。有时我们会从知识论意义上去怀疑感觉，但所怀疑的不是在我们身上发生着的感觉，而是怀疑这种感觉是否表明了相应的身外事实。即使一定要分析感觉，也无非描述为兴奋或抑制、轻松或紧张、快感或痛感之类，这些心理性的描述无助于理解什么是幸福。所以说，幸福与幸福感是两个概念，幸福感不构成问题，而幸福却是一个难题。为了理解幸福，我们需要进一步弄清它与其他一些事情的区别。

（1）幸福与快乐的区别。我们已经知道，从心理学角度几乎无法真正有意义地区分幸福与快乐，它们在心理上所引起的感受即使有些区别也是缺乏实质意义的，比如说强度上或持久度上的区别，而且这些区别在某种意义上说是人为的。我们只能从别的角度来加以区分。尽管快乐是人生所必需的，没有快乐的人生是可怜的人生，但幸福对于人生比快乐更重要以至于可以说是决定性的，没有幸福的人生是毫无意义的人生。这一区别是由快乐或幸福的结果所决定的，快乐是消费性的，每次快乐都一次性消费掉，它留不下什么决定人生意义的东西（回忆快乐不仅是很困难的而且是不快乐的，一个只能试图回忆快乐的人是可怜的人）。因此，快乐无法构成人生的成就。而且实际上快乐很难保证快乐，叔本华的谬论对此来说是很正确的：如果满足欲望则厌烦，如果不满足欲望则饥渴，反正无论快乐还是不快乐终究都是不快乐。叔本华的谬论可以引出一个意外的启示：绝不能把快乐和幸福混为一谈，否则人生意义是不可理解的。与快乐相比，每一种幸福都会以意义的方式被保存积累，都会永远成为一个人生活世界中抹不掉的一层意义，这些由幸福所造成的意义实际上改变了人生的整个画面，可以说，幸福是人生中永恒性的成就。一个人哪怕只是曾经有过幸福，他一生都将是有意义的。

（2）幸福与欲望满足的区别。欲望被满足通常是快乐的，无论欲望是否真的带来快乐（对此可以有叔本华式的怀疑），这种满足至少可以说是令人感兴趣的，换句话说，一个人总是愿意欲望得到满足。但是，欲望被满足恰恰意味着这种满足的意义是有限的，因为追求满足就是期望有一个结局，而有一个结局的事情的意义必定是有限的。尽管生命是有限的，但人们却因为生命是有限的便对那些感觉起来具有无限意义的东西最不能舍弃，最难以忘怀，或者说，生命的有限性是天然的，这一点决定了每个人的生活意义是有限的，但正因为如此，每个人最关心的就是那些尽可能贯穿整个生命的有意义的事情，所以，对于一个人来说，最有意义的事情就是没有人为结局的事情，尽管任何事情都难免有一个自然结局（生命如此短暂，生命中一切有意义的事情终将随生命的结束而自然地结束）。只有具有无限意义的事情才是幸福的事情，只有幸福的事情才值得一生去珍爱它。这就是为什么诸如爱情、亲情、友谊之类的事情具有永远的魅力并且成为生活永恒主题的原因。其实人们早就发现，过分的满足或重复的满足令人厌烦，而幸福却多多益善。

（3）幸福与利益的区别。在生活中每个人都需要获得足够的利益，否则难以生活，但生活并不是为了利益，与此相反，利益是为了生活，否则利益的意义无法理解。利益的典型表现形式是金钱和权力，这些东西只有在生活中被用来进行某些事情时才生效，这意味着利益永远是手段，永远是一种中转方式。而幸福却是生活的目的，一切都为了幸福，但却不能想象幸福还为了什么。所以，利益只是实现生活目的的一个条件，而幸福则是生活目的得到实现的效果。正因为存在着这一区别，所以充足的利益也不能必然地保证幸福，或者说，并不蕴含着幸福（利益不是幸福的充足理由）。

由于这些区别，幸福也就无法通过获得在意识中表现为"我想要的"或"我意愿的"这类东西来定义;同样也不能通过满足潜意识中想要的东西来定义,实际上潜意识中的冲动如果不是某种病态心理症结就无法构成被意识压抑的冲动。总之,幸福不是某种主观意向被满足的结果(无论是清晰的还是不清晰的意向)。幸福是体现着原则性的结果,这一原则就是目的论原则。幸福的原则并非总是与主观意愿恰好一致——当然对于正常人来说这两者往往是一致的——所以并非每个人在每个时刻都知道如何获得幸福,有些缺乏目的论眼光的人往往只能拿快乐糊弄自己。但无论如何,幸福原则却是为每个人着想的,它所揭示的生活方式有助于提高每个人的生活质量,因为它将指出每一个人如何更充分地利用自由去把各种可能性变成充满活力的现实生活。

为了从正面更好地理解幸福,我将引入"可能生活"(possible life)这一概念。在逻辑学中有一个重要概念称为"可能世界"(possible world),即任意一个在逻辑上可能设想的世界,这个世界可以是现实的也可以是非现实的,甚至是永远不能成为现实的世界。我所构造的"可能生活"这一概念是以类似于可能世界这一概念的形式构造出来的,并企图以此形成一种对照。可能世界是纯思想的对象,但对于伦理学来说,唯一有意义的可能世界就是现实世界,因为人们只能进入现实世界所允许的可能生活而不能进入非现实世界的可能生活,这意味着人们只能把幸福落实在现实世界中而不能指望另一个世界。凡是指望着生命之外的幸福都是对生活意义的否定,也就是对所有真实的幸福的否定。大多数宗教都是对生活意义的否定。这一否定注定宗教只能引出某种基于特殊信念的伦理规范系统而不可能引出以生活为本的真正的道德原则,没有道德原则就没有作为哲学的伦理学,而只有作为意识形态的伦理规范。而意识形态是非反思的,它是基于某些不经审问的信念的一套企图支配行为的规范,这种性质可以描述为"我就这么说而你就这么听着"。然而真理从来只能在意识形态之外显现。哲学既不相信看到的,也不相信听到的,而只相信想到的。

可能生活是现实世界所允许的生活,但不等于现实生活。可能生活是理想性的,它可以在现实生活之外被理解。如果一种可能生活得到实现,它就成为现实生活,但并非所有的现实生活都是可能生活的实现,而有可能只是某些愚蠢的行为偶然导致的,可能生活则总是合目的的生活。那些糟糕的现实生活恰恰阻碍着可能生活的实现。

可能生活可以定义为每一个人意味着要去实现的生活。人的每一种生活能力都意味着一种可能生活。尽可能去实现各种可能生活就是人的目的论的行为原则,就是目的论意义上的道德原则,是幸福生活的一个最基本条件。

生活能力不等于生物功能。生物功能意味着一系列基础性的需求(如温饱和性满足之类),然而由于人本质上是自由和创造性的,所以,那些基础性的需求并不是人的根本性目的。对于动物而言,其基础性需求和根本性目的完全一致,但对于自由的人,这两者却是分离的。这就是人的存在是生活而不是生存的原因。这种分离决定了一个人即使其基础性需求得到极大的满足也仍然可能终日闷闷不乐、垂头丧气,也决定了有的人为了根本性目的甚至宁愿放弃生命。人的基础性需求是自然而然的,对此不值得进行哲学讨论。

人的基础性需求是否被满足决定了人的生存状况,而人的根本性目的是否得到实现则决定了人的生活意义。良好的生存状况是人的存在所必需的,因此,对人的基础性需求的抑制无疑是忍无可忍的,但仅仅是良好的生存状况无论在他人看来还是在自己看来都毫无色彩,生活意义是一种自己能够感受到的生活光辉。所以幸福取决于生活能力的发挥而不取决于生物需求的满足。即使通过朴素的直观,人们也早就发现诸如智慧、勇敢、勤劳、爱情和友谊等等是真正的美德或功德,这些美德意味着令人羡慕的能力发挥。幸福是人所赞美的而不是人所赞同的。一个人如果老老实实地遵守某个社会集团的规范,这个集团的人会赞同他的行为,但这远远谈不上赞美。美德显示着人的长处优势的能力和优越性(virtue),所以为人所赞美和羡慕。而德行只不过是合乎规范的品行(morals),所以只是为人所赞同和允许。人们在赞同和允许某些德行时,并不是由于它是杰出的而只是由于它合乎自己的意志,所以赞同在本质上是出于私利的,它也就谈不上表现了真正的道德标准。体现着幸福的那些美德实实在在地表现为行动或者说生活,而不仅仅是潜在能力。智慧通过精神活动和精神成就而存在,勇敢通过坚强的行动而存在,这就像爱情不是存在于想象中而是存在于真实的男女关系中。幸福有待于可能生活的现实化。

这里有一个问题:为什么一定要去实现可能生活? 或者说,假如一个人对做出任何努力都不感兴趣并且对随便什么样的现实生活都觉得满意,又怎么样呢? 正如前面已经谈到的,目的论伦理学完全尊重个人选择,并不想劝导或欺骗人们去做什么而只想指出真理。一个人不愿意去实现可能生活就可以不去这样做,这对别人无所谓,但对自己却不同,因为可能生活是由某种生活能力所指定的,如果不去实现所指定的可能生活,就等于废弃了自己的某种能力或能量,而一种能力得不到发挥就是自己剥夺了自己的一种自由,自我束缚的结果就是生命的抑制状态,在心理学中可以观察到这种毫无活力的生命状态表现为一种低兴奋性的压抑经验,这种经验甚至连快乐都不是,更与幸福无关。如果一个人对随便什么生活都满意,这种自暴自弃只意味着他觉得想得到的任何一种好生活都没戏，而决不意味着他不知道什么是好的或者觉得什么都是好的。可以说，可能生活的意义并不取决于一个人主观上是否愿意去实现它，事实上每种可能生活都有其特有的幸福而且不是另一种生活所能替代的，放弃一种可能生活就等于放弃一种幸福，所以，即使一个人对他的贫乏的生活在主观上很满意，他仍然由于生活的欠缺或匮乏而缺少某些本来可以有的幸福。从这个意义上说，可能生活的实现程度是幸福的量的方面的衡量标准。必须意识到，这种对可能生活的批判不是主观的批评，而是普遍必然的批判，也就是说不是站在批评者或被批评者的立场上去理解可能生活，而是从人的能力上去理解可能生活。例如某人缺乏友谊生活，我们不能认为他其实想要但假装不要友谊，因为他在主观上有可能真的不想要；也不能由于我们自己想要因此认为他也应该想要友谊，因为一个人的生活不能来衡量他人的生活。所以只能从目的论去理解：某人缺乏友谊之所以是一种不幸（无论他是否意识到），是因为他作为一个人本来意味着可以获得友谊的幸福而且本来可能去获得这一幸福。

所以说，尽可能实现各种可能生活，这是一个关于幸福的价值真理。每个人在事实上总会有着某种程度的生活欠缺，无论我们在主观上是否感觉到这一欠缺，幸福在客观上总是多多益善的。没有消受不了的幸福，只有忍受不了的不幸。

2. 自成目的性

仅仅通过可能生活这一概念去理解幸福是不充分的。问题在于，如何实现合目的的可能生活？这里卷入了一个困难：如果把某种可能生活 L 看成是行动 A 的预期结果，那么似乎意味着 A 不是或至少无需是合目的的生活或者无需是幸福的生活的一部分。这一点的糟糕之处在于它好像说明了人们必须以不幸的经历去换取幸福的经历，而且这一幸福可能是遥遥无期的或者可能需要付出大得不成比例的代价。对此我们当然可以怀疑这种追求幸福的方式是否有价值。我们还可以想象这种行动与结果在价值上的分离很容易引出庸俗的完全出自功利考虑的民间生活教育：人应该以几乎一生的苦难去获得老来福。就像中国式的老书生企图穷一生之力去在最后金榜题名而获得"黄金屋""颜如玉"之类，或者像财迷那样把有能力享受生活的时间都用去敛钱。这类想法不仅愚蠢而且尤其缺乏道德价值。人们有时候会有一种错觉，以为道德行为主要表现为对别人无害或对别人有利。其实，这仍然不是道德行为的根本性质。道德首先表现为一个人使自己成为一个像样的人。

按照惯常的想法人们总是把价值归属于结果而把行动看成是不得已的手段。在这种意识中根本不可能有任何幸福。假如一个人稍微有点清醒的意识就会发现，如果仅仅把价值关注落实到结果上，无论什么样的好结果或者精彩的结局实际上都不值得为之付出努力，因为要得到所期望的结果几乎注定要付出太多的努力。是否能够获得幸福取决于是否能够敏感到幸福之所在，在这种意义上——正如有人说过的——幸福是一种能力。要意识到幸福之所在需要有双重关注，即不仅意识到结果的价值而且尤其意识到通向结果的行动的价值，不仅把结果看作是幸福的生活而且尤其把行动看作是幸福的生活，也就是说，行动 A 必须恰好也是一种幸福的可能生活 L。如果把行动本身从生活中省略掉，就会觉得生活似乎总是尚未开始，也就永远沮丧。

对通向结果的行动的关注意味着在这一行动中创造幸福，只有使这一行动本身成为幸福的才会有真正值得追求的幸福，否则作为结果的幸福实际上总会被行动的不幸福所抵消，至少被大大削弱。在此需要与一种流俗的见解加以区别，这种流俗见解认为"过程"比结果更重要，或者有时说成"参与"更重要。这表面上看起来好像也是对行动本身的关注，但却有着一个致命的缺陷，这就是"过程"或"参与"并不必然蕴含着幸福，或者说，并非任何一种过程或参与都必然造成幸福。所以，关键不在于仅仅关注到了"过程"，而在于关注到的确造就着幸福的过程。可以考虑一个实际例子：参加一个比赛决不仅仅是为了"参与"，按照目的论，"冠军比亚军好"显然是一个价值真理，单纯的参与也显然是一种无聊甚至愚蠢的活动。如果说得不到冠军的参与的确也有着价值，那也只能表现为一种虽败犹荣的感觉而不可能是单纯的参与。假如说单纯的参与也能造成良好感觉，那么这种参与必定是日常的体育锻炼，而显然一个人去参加比赛并非是去进行一次日常的锻炼。我们必须意识到，企图通过某种主观的心情或采取某种态度来把各种事情看成是幸福的，这尤其是一种幻想，是典型的自欺欺人。所有具有实质意义的幸福都来自特定方式的行动或者说来自行动的特定方式。因此，关注行动本身并非关注所谓的参与过程，而是关注其中的方式或步骤。这就像演算一道数学题，"参与"并不能保证正确结果，只有正确的方式和步骤才能得出正确结果。现代社会里一些不入流的心理学家喜欢鼓吹人的主观态度和心情，就好像主观态度能够点铁成金。正如没有哪一种精神能够拯救饥饿的肉体，甚至也不能拯救无能的灵魂，同样也没有哪一种态度能够拯救不幸的人。自以为是的主观态度在知识论上也许还有一点自欺欺人的余地，但在伦理学中它毫无意义，因为伦理学只考虑实在的行为。

心理学式的思考对生活的幸福所能提供的帮助是非常有限的，而且往往不是根本性的。心理学所能开出来的"药方"对于心理病人来说其实是一些欺骗性的消极的宣泄方案，即使有效也只不过是使心理病人从焦虑中解脱而获得心情上的平静（所谓心理平衡），这非常类似于给精神病人服用某些药品使之恢复平静，但这并不能使人获得幸福。幸福不是安宁，安宁只是不痛苦，幸福是充满活力的、非常积极的、激动人心的。心理学不是反思，而是对主体活动的描述。描述从来只能暴露问题却不能解决问题。

关注行动本身意味着从行动本身看出合目的性，即无论这一行动所指向的结果是否能够达到，这一行动本身就已经足够使人幸福，或者说，这一行动必须使该行动本身成为一个有价值的结果，同时把该行动所指向的那个外在结果看作是额外收获。如果一个行动本身具有自足的价值，它就具有"自成目的性"。这种自成目的性是生活的存在论事实所决定的目的论性质，其中道理实际上非常简单：在生活之外的任何活动当然不是生活，所以在生活之外的目的也就不可能是生活的目的而是别的存在的目的；既然生活的目的只能在生活之中，那么不能显现生活目的的活动就不是生活，所以，一个行动如果是有意义的生活的一个部分，它就仅凭其本身直接具有价值，也就足够带来某种幸福。

一个具有自成目的性的行动所带来的是一种无需代价的幸福。正因为这种幸福是直接在行动本身中获得的，只要行动起来就能获得这种幸福，所以它是无需代价的。这种幸福与行动的外在结果所带来的快乐又不相同。如果所达到的结果正是所预期的结果，它必定引起快乐，但这是有代价的，不付出某种代价就得不到相应的快乐，甚至有时付出了代价也得不到快乐。理解幸福与快乐这一区别的重要性在于，如果一个人只有快乐意识而没有幸福意识，那么他永远不可能幸福，甚至很可能不幸，因为他不会使用其自由意志去选择那种具有自成目的性的行动，他将只想获得快乐，为了这一需要代价的结果，他将斤斤计较，他的行为方式在本质上就变成了商业活动，而且由于人有一种夸大自己付出的代价的心理倾向，所以他在大多数情况下总会觉得虽然有些收获但"失去的"实在太多，于是总是很不幸。而有的人则可能极力自欺欺人，滥用其主观态度，以为任何事情都可以是"一乐"。虽然幸福其实是很普遍的生活，但决不是鸡毛蒜皮的各种"一乐"。幸福是完全不同于产生快乐的另一种行动所产生的。快乐的积累——无论有多少——都不可能产生幸福。在不考虑幸福的情况下，叔本华的谬论就是真理：痛苦自然是不幸的，但快乐仍然是不幸的。显然有一些人意识到了那种商业化人生——以某种代价去交换某种快乐——有着严重缺陷，但由于缺乏幸福意识，于是便断言人世无非是苦海，继而以宗教的方式寄希望于另一个"可能世界"（无论是天国还是绝对"理想的"社会），这类冒充深刻的断言是虚妄的而且盲目自大，就好像断言者不仅知道自己的感觉，而且知道所有人的感觉或者以为他能代替别人去感觉。另一些同样意识到商业化人生有着缺陷的人则以一种好像是现实主义的方式来鼓吹"无私奉献"。且不说在交换性活动中只要求付出是最不现实的而且也不公正，即使无私的精神能够冲淡斤斤计较的不快，这仍然不能造成幸福。产生幸福需要另一种完全不同的行动，在其中不存在自私还是无私、利己还是利他所构成的问题。也许在效果上幸福的行动往往是利他的，也许往往又是利己的，但利己还是利他都不是幸福行动的动机，也不是幸福行动所试图处理的问题。幸福的行动必定免除了或者说自由于（to be free of）各种计较——无论是自私的还是无私的计较。

3. 创造感和给予性

人世间快乐如此多，甚至和痛苦一样多。无论是快乐还是痛苦都是习以为常的事情，而且几乎是必不可少的。适当比例的痛苦有助于维持对快乐的敏感即有效的感受力，而足够多的快乐则保证生活不至于不堪忍受。但如果只有快乐而没有幸福，那么生活将是无意义的，将是全然无聊的。快乐就像吃喝的欲望一样普通，一样基本而不根本。似乎康德说过，寻欢作乐并不需要劳神苦求。从本质上说，快乐是"被给予的"（given）。我们不可能自由地给予（give）自己某种快乐而只能由他人或事物来给予我们某种快乐。所以说，要获得快乐就必须预先给予他人快乐或给出某种努力之后才有可能被给予快乐。这种活动的交换性注定了快乐是有代价的而且是有限的良好存在状态。

为了使生活一直是有意义的，就必须投身于幸福的行动。幸福的行动本身恰恰是这一行动的成就。为了满足这一要求，幸福的行动就只能是以给予为目的的行动，它决不以被给予的快乐作为目的，事实上一个幸福的人根本不去考虑是否会获得某种被给予的快乐，因为幸福的行动的给予性本身就已经足够激动人心。这种给予性行动从现象上看有些类似于前面谈到的所谓无私奉献，但却有着本质上的区别：给予性行动只考虑到给予并且为给予而感到幸福，而所谓无私奉献却考虑到了这一奉献是无私的，这种考虑虽然不是商业性的斤斤计较，却是规范性的计较，即"应该如何如何"的计较。只要考虑到"应该无私地去……"就不是真正自由的给予而至多是自愿的给予（自愿不一定是自由的）。不是自由的给予就不可能是幸福的。自愿的给予也许会有一种心满意足的自我感动，即自己为自己的高尚而感动，但是这种自我感动恰恰抵消了其高尚意义。自我感动或者是一种自怜，或者是一种自娱：自怜是把自己看得很可怜，自觉到自己甘愿吃亏，一个可怜的人当然是不幸的；自娱是自我陶醉，是把自己想象成宗教或文学人物，这种毫无现实意义的幻想同样是不幸的。所以说，自我感动从根本上抵消了行为的给予性意义，以一种吃亏的光荣感安慰自己，就像是帮助他人时一定要让他人知道欠了情。所以，如果仅仅是自愿的给予，就仍然是一种交换性活动，是一种变相索取，只不过不是物与物的交换而是物与情的交换。只有当自愿并且自由地给予才能产生幸福。

自由的给予在事实上当然是付出了某种东西，所以这种行动往往具有利他效果，但这种利他效果并非这一行动本身的目的或预期效果，而是自然而然的伴随效果。自由给予的行动只以自身为目的，因此行动者首先感受到的是自己获得很多，即使他也意识到他有所付出，他仍然觉得获得的更多，所以自由的给予行动使人幸福，它直接地、无代价地使生活变得更丰富。无论在自由的给予中实际上付出了多少，这种付出都恰恰是行动者自由并且自愿付出的。如果不让他付出，他将非常痛苦，所以这种付出不是一种代价，它不被用来交换任何东西。一个心理正常的母亲对子女的爱就是典型的自由给予行动，母亲在这种行动本身中获得无限喜悦，这种幸福显然是直接产生的，无论子女将来是否对母亲有报答式的爱，母亲都已经获得了作为母亲的幸福。如果一个母亲对子女的看护只不过是对子女将来的报答的预谋，那么她就破坏了爱的关系而把母子关系变成商业性的我与他人的关系，她就注定失去幸福。即使子女给予她种种报答，她仍可能有种种抱怨。正如前面所指出的，在交换性活动中，人们总是倾向于觉得自己付出更多。自由给予行动还体现在生活各个方面上，例如爱情和友谊。向情人给出爱，这本身就是一种幸福，即使结果并不能获得对方的爱，这种痛苦也丝毫无法影响给出爱的幸福，因为这两者不是同一层次中可以比较和兑换的东西。如果一个人对情人感兴趣只是为了被爱，他就没有机会进入爱情幸福的层次，他就会对失恋的痛苦斤斤计较。只有少年或心灵不成熟的人才会严重地看待失恋的痛苦，因为他们仍然扮演着只准备被爱的角色而尚不具备爱的能力。友谊的情况也一样，给朋友真诚的支持本身就足以引起幸福感，而如果预谋着对方的相应报偿则只不过是同党。幸福之所以比快乐要稀少得多，不是因为获得幸福需要更艰难的努力，而是因为人们在大多数时候没有采取能够获得幸福的行动方式。只有在"给予即收获"的行动方式中才能获得幸福，而在"给予然后收获"的行动方式中注定只能获得快乐和痛苦，而且肯定是苦多乐少，因为任何快乐的意义如此有限，以至于人们总是不满或者迅速地不满。

　　自由给予的行动为什么就肯定是幸福的行动？或者说，自由地给予为什么必然引起幸福感？这是一个关键的问题。首先，幸福是以自由为前提的，自由虽然还不构成幸福，但却是幸福的必要条件。如果没有自由，一个人就降格成为某物，因为他失去了本来所有的自决性而成为某种被决定、被操纵的东西，他的生存无法构成他的生活而只不过是别人生活中的某一景象，当然更谈不上幸福。其次，人的目的论本质是创造性，于是，有意义的生活也就必须是创造性的，否则人的存在目的不可能被实现，所以，幸福只能来自创造性的生活，那种重复性的活动只是生存，只是一个自然过程，根本无所谓幸福还是不幸。创造在本质上说就是给予，只有在给予中才能产生某种非现成的生活情景，才能开拓某种可能生活。正因为自由的给予是创造性的，并且只有创造性的行动才能构成属于自己的生活，所以它必然导致幸福。幸福只属于具有激情和想象力的人。

也许还可以追问，为什么创造性的行动必定产生幸福。这一点实际上几乎无需解释，因为人类天性极其爱好创造，或者说，对于人类，创造最具魅力。创造性行动所开拓的生活是崭新的，有活力的，激动人心的，这在心理上有着强大刺激力，这就是人们天生感兴趣的经验。在某种意义上说，幸福的动力是本能，一种精神性的本能。它要求创造，而创造要求给予，所以幸福超越了自私和无私的计较。在本能的层次上无所谓自私或无私，只有在社会化活动中人们才自私地计较着"自私与无私"。作为精神性本能的幸福只要求考虑什么是激动人心的。我们还可以发现，堕落，比如吸毒和赌博，同样很刺激，所以同样具有吸引力，但堕落只能引起快感而不能带来幸福，因为堕落的激动是消费性的，并且缺乏创造性。创造的幸福不仅是激动人心的而且同时是一种成就，一种贯穿一生的意义。

没有创造性的生活是没有意义的生活，所以人们首先需要一个能够容纳创造性生活的社会。一个无聊的社会比一个不公正或者贫穷的社会更为可怕。一个无聊的社会总是尽最大可能破坏一切创造幸福的机会。彻底的无聊不是自由而无所事事，而是好像自由但实际上所作所为都暗中被各种意识形态的观念、规范和社会结构所操纵，身不由己却以为自愿在做各种事情。在无聊的社会中，堕落在某种意义上是对社会的庸俗无聊的反抗——以不负责任的方式试图摆脱荒谬的无意义的责任，尽管这是不可取而且不成功的反抗。

社会必须为生活着想，而生活为自身着想，所以，幸福公理是伦理学的第一原则。幸福问题的根本性表现为：（1）如果没有幸福生活，生活中的任何一种事情都将失去最终的价值根据。如果没有幸福,那么有没有社会公正、自由、规范就都变成无所谓的了。(2)幸福是建立公正和规范的一个必要条件。一个不幸的人甚至对不起自己,谁又能指望他去对得起别人?在事实中我们可以发现,一个幸福的人更容易使别人也幸福,而一个不幸的人更倾向于坑害别人。所以说,幸福问题是全部伦理学问题的开端。幸福公理可以表述为:每个人必须尽可能去实现他所意味着去实现的可能生活,并且仅仅以自成目的的方式去行动,即,使得这一行动在操作上是创造性的,在效果上是给予性的。

第 5 章

公　正

1. 公正的必要性

由于幸福源于每个人自己的创造性行动,每个人的可能生活在自己的创造性行动中被开拓出来并且只属于个人,所以,幸福是无可争夺的。这一点是一个非常重要的事实。一个人所拥有的幸福不可能分给他人或者用来交换其他东西。一个人如果自己不能创造幸福,我们也不可能分配给他幸福。可以看出,幸福原理所处理的是每个人与自己的关系问题,即如何善待自己的问题。

与此相反,利益是可争夺的,也就有着交换与分配的问题。生存资源和空间是有限的现成事实,它们与人的欲望相比总是相对匮乏的。如果一个人获得较多利益,别人就很可能失去一些利益。利益冲突是不可避免的。人追求利益从根本上说不仅仅是因为主观的欲望,而是在客观上的确需要利益。如果没有足够的利益,就意味着没有足够的物质条件和社会条件去创造和保护幸福生活。所以,要保证幸福生活,我们还需要另一个原理来处理人与人之间的关系问题,这就是公正原理。

公正(或称正义)措施的目的不是为了把人与人之间的冲突控制在一定限度内,而是为了保证每个人有条件创造幸福生活。公正原理虽然不是幸福原理所派生的一个定理，但公正却是有利于幸福的。消解人与人之间的冲突是不切实际的幻想，因为生活中除了创造幸福的行动还有着追求利益的行为，只要人需要利益就会有冲突。所谓公正实际上表现为利益的适当交换和分配。

我们已经知道，幸福是不可交换和分配的，但利益却必须也只能交换和分配。如果没有公正的交换和分配就会陷入所谓的"自然状态"，即无限制的争斗掠夺。尽管大多数人都相信无限制的争夺是不可取的，但尼采式的批判——把公正看成是弱者的伦理要求——看上去仍然是强有力的，而且从理论上说，我们无法由利益追求这一事实中必然推论出公正的必要性。如果一定要勉强进行这一推论，那么，我们根据同样的事实和同样的逻辑也可以推论出弱肉强食的必要性。另外，我们也无法以大多数人喜欢公正作为公正必要性的论据，因为很容易想象一种尼采式的反驳：大多数人只不过是些弱者，他们终将服从强者。很显然，公正的必要性只能根据目的论来证明。每个人都需要幸福，而每个人的幸福都需要他人的存在。如果没有他人，我就无法给予他人爱情或友谊，我所从事的任何创造性事业也将变得毫无意义。而且，我必须希望他人是有价值的人，因为我不可能给予一个无价值的人以爱情或友谊。一个没有尊严的人肯定不值得尊重。我也不可能为了一些无价值的人进行创造。更彻底地说，我必须希望他人是幸福的人，因为不幸的人是不值得给予爱或者为之进行创造的。我们会同情痛苦的人、贫穷的人、遭灾的人和失败者（苦难不等于不幸），但不会同情不幸的人。不幸的人就是对不起自己的人，他之所以不幸就在于没有付出生活努力，在于他自己没有好好生活，好好做一个人。一个人的幸福与周围人的幸福是密切相关的，如果周围都是不幸的人，生活在其中将是非常可怕的。结论是显然的，一个人即使只为了自己的幸福，他也必须希望他人幸福,也就必须允许他人有条件去创造幸福。公正就是保证每个人获得创造幸福生活所需的物质条件和社会条件的必要措施。而不公正的争夺损害着每个人创造幸福的机会和条件,从而损害着每个人(包括所谓胜利者)的部分甚至全部生活。以成败论英雄的强者道德,虽然比起弱者道德要好一些,但仍然不是真正优越的道德。道德必须与强大的力量相一致,同时尊重每一个道德的人。

一般说来,公正从其积极的方面来说是一种互相尊重的合理分配方式,从其消极的方面来说又是一种报应式的惩罚方式。后者往往是暴力性的,暴力就其本身而言是可怕的,而且在不当使用时尤为危险,因此许多人从情感角度出发不加思索地把暴力看成是不公正的事情。这种感情用事的思路遮蔽了一些重要的问题。当然,我们几乎都会认为,假如互相尊重的分配性公正总是得到维持,那么惩罚性的公正就是多余的。由此看来,分配性公正是根本性的而惩罚性的公正是辅助性的。不过前面那种假设从来都不是现实,而且分配性公正要得到维持——哪怕是某种程度上的维持——就至少需要惩罚性公正作为一种随时可以实施的威慑存在。于是,惩罚性公正在实际上和分配性公正同样是必要的。放弃或忽视惩罚公正,这种做法本身就是一种不公正,而且等于是一种分配上的不公正,因为如果不以正义的暴力去对抗不正义的暴力,不去惩罚各种作恶,就意味着纵容不正义的暴力和帮助作恶,也就等于允许恶人谋取不成比例的利益和伤害好人。在当代社会中有着一种极度夸张的所谓人道主义(这种糊涂的人道主义有时甚至得到伦理学家、宗教学家和教育家的支持),它认为我们应该通过说服、教育、宣传和非常有限的"人道的"惩罚来改造恶人。且不说这些方式的改造力往往是微不足道的(这些方式其实只能改造本来就不太坏的人),即使的确有点效力，那也是以不成比例的代价损害了人们的利益和生活（许多人会白白地受到伤害），因而其公正性是极为可疑的。另外，那种夸张的人道主义还有着两个理论上的错误：其一是以为一个人既然有着某些天赋人权，那么他将一直拥有这些人权而无论他做了什么事情，即使是一个无恶不作的坏人也似乎有权要求得到比较"人道"的待遇；其二是以为道德意识是一种知识，所以一个人犯错误是因为无知。例如在中国有些制造假药或有毒食品的人只受到相当轻的惩罚，这有时被解释为他们缺乏道德观念和法律观念。实际上，以为这些人其至对可以直观的道德原则都缺乏理解，这是无论如何难以想象的。这几乎等于说这些人只具有动物的心智水平，假如这样的话，又恰恰意味着不能以对待人的方式去对待他们。那种夸张的人道主义的错误源于暗中以所谓的仁慈原则作为公理。关于这一点的确有个值得分析的微妙问题。

仁慈也许是一种美德但却不是伦理学的一个公理。人们想到仁慈就像想到暴力一样带有明显的情感色彩，这种情感倾向使得仁慈和暴力这类本来是中性的行为方式变成好像不是中性的。其实无论是仁慈还是暴力是不是好的，这完全取决于特定条件，也就是说，它的道德性质并非其本身所有而是来自于应用它的方式。"善待他人"是一个意义既不充分又不明确的原则。我们有理由要求说明"因为什么而善待什么人"。显然在其中"他人"不可能是任一变元，否则我们就应该善待最无耻最卑鄙的人；同样，我们也不可能什么都不因为就善待他人，正如毛泽东所指出的，没有无缘无故的爱和恨。假如我们因为需要幸福生活而需要他人也拥有幸福生活，那么这种仁慈其实已经由幸福公理所说明；假如善待值得善待的人，那么这种仁慈可以由公正公理所说明；假如以超出正常标准的方式善待值得善待的人，在这种情况下仁慈称得上是一种美德，但仍然基于公正公理。可以说，在伦理学中只有幸福原则和公正原则才能充当基础公理。

2. 人际关系与事际关系

每个人都生活在众人之中，其间所形成的关系通常被含糊地说成"社会关系"。为了更清楚地说明问题，有必要更细致地划分为人际关系和事际关系。一个人代表着某些事务功能而出现与代表着特定人格而出现所造成的关系显然有所不同，前者看上去虽然也是人与人的交际往来，但实际上是一种事际关系。在生活中，人们常常以官员、商人、农民、艺术家等等身份出现，此时人表现为人物，而人物代表着某种职能，所以，当与某种人物打交道时实际上只不过是与某种职能在打交道。在这里，人与人的关系只是事际关系；后者则是人对人的交往，这种交往不是人物间的职能性关系，而是人心之间的关系，在此，一个人是个什么人物，是什么身份，这是无所谓的，所以是人际关系。事际关系是赤裸裸的或者虚伪粉饰着的利益关系。如果利益分配得当就有安定和平，否则就有反抗、革命、战争、阶级和民族斗争。人际关系则是相遇相处的关系，如果相待和谐就产生积极健康的情感，否则就产生敌意、冷漠和孤独。很显然，只有在这两种主体间关系中才会出现公正问题，于是，公正原理也就表现为分配原则和相待原则。

人际关系不是就事论事，而是以人对人。就其可能性而言有三种关系：我对我、我对你、我对他。

"我对我"这一关系在通常意义上是知识论的自我反思关系，但这层意义决不是"我对我"的全部性质。除了知识论意义上的反思性之外，我们必须意识到其存在论意义上的创造性。人的存在是一种创造性的存在，这意味着"我"是在生成着的。于是，存在就是一个选择做什么人的过程。在这一意义上，"我对我"关系所展示的就不仅是"我知道我是什么"，而且是"我决意使我成为什么"。其中作为宾语的"我"并不是我，而是我的某种可能存在，其实也就相当于另一个人而不是我的自身印象或者翻版。所以"我对我"成了一种人际关系，一种最基本的人际关系。由于"我对我"这一关系是最直接的无障碍的关系，因此，我所真正尊重的价值在其中几乎不受影响地得以呈现，每个人都会希望成为一个在人性上尽可能优越的人。所以这一关系是揭示做人道德的最根本层次。

"我对你"这一关系的发现和强调应该归功于布伯和列维纳。布伯发现"我对你"的关系是两个人纯粹作为人的相遇，这暗示着一种互相免除压迫即自由的共处，一种人格对等的交往。从某种意义上说，孔子的"仁"包含着对"我对你"关系的觉悟，按叶秀山的解释，犹太—基督教思想中的"爱"的地位相当于中国思想中的"仁"的地位。这一类似性可由孔子主张的"仁者爱人"中见出，而爱显然不是一种旁观他人的态度而是对"你"的亲近。列维纳进一步强化了"你"的意义："你"的出现意味着责任感的出现。比如说看到一个人就感到"不许杀人"的责任感。这一强化似乎过于夸张，当我们遇到一个疯狂的杀人犯，所引出的责任感更可能是"击毙杀人犯以阻止罪行"。由此看来，"我对你"的关系只能比较保守地给予理解。"我对你"的关系是一切爱情、友谊和责任的基础，但却不等于这些非常明确的关系。妥当地理解"我对你"的关系就是把这一关系比较保守地看作是对另一个人的人格尊重和对自由存在的承认。这是各种具有实质意义的美好人际关系的预先交往。

如果说"我对你"的关系是不涉及利益的纯粹的待人方式，那么"我对他"的关系则是在利益中的处世方式。假如一个人心灵不够美好自由，他就不可能进入"我对你"的关系。事实上在社会活动中"我对他"的关系更为常见。由于受利益所控制，"我"总是企图把他人当成某种对象、某种东西、某种手段，而让自己充当主体。企图把他人当成某种有利于自己的东西，这就是"我对他"关系的实质。"我"企图在这种关系中获得的主体感从来都是一厢情愿的幻觉，因为在把他人当成东西时就注定了自己也被他人当成了东西，即使成功地使他人服从自己，他人仍然把"我"看成是东西。尽管"我对他"的关系是一种并不美好的人际关系，但却是一种无法消除的关系。只要存在着利益分配，"我对他"的关系就是自然而然的。

只有分清这些人际关系才能够清楚地知道每种人际关系在目的论意义上分别意味着什么，也就可以看出这三种关系分别具有这样的原则：

（1）"我对我"原则：我将尽可能如此这般地做人，当且仅当，我意味着能够如此这般地做人。在自由自主的状态中，一个人就有可能通过扪心自问意识到他所真正尊重的价值，即在理想状态中所取的价值，比如说"我"可能希望更有智慧，更勇敢，更正直。"我对我"原则意味着一个人对自己的公正原则。在此，公正表现为自重。也可以说表现为对得起自己。在此可以看出公正与幸福的一致性，一个幸福的人至少是一个能够公正对待自己的人。这个"我对我"原则是公正的最基本原则。假如一个人甚至不能公正地对待自己，我们又如何能够指望他能公正地对待别人？

（2）"我对你"原则：我将按照你的自由和尊严来对待你，当且仅当，你也按照我的自由和尊严来对待我。这一原则可以看作是布伯—列维纳思路的温和保守改造型。"我对你"原则意味着一个人对另一个人在人格方面或者说以人对人方式（列维纳的表述是"面对面"）的公正原则。在这里，公正表现为人格对等。在此同样可以看出公正与幸福的一致性：人只有生活在人之中才会有意义，而假如一个人不能至少把生活中的某些人看作是人格对等的人，那么他等于生活在一个完全物化的世界里。这无论如何是不幸的。

（3）"我对他"原则：我将按照某种规范 N 对待他，当且仅当，他也按照 N 对待我。由于"我与他"的关系中包含着私心杂念，而单方面利己是不被接受的，于是，要保证某种程度的利己就必须认可互利或者说做出某种让步。"我对他"原则意味着一个人对另一个人在社会合作方面的公正原则。在此，公正体现为对规范的同等遵守。这一原则在实际操作中也有助于为幸福生活创造社会条件。

现在考虑另一个问题。人们对某种规范 N 的同等遵守固然是一种公正，但是，这一规范 N 本身却有可能是不公正的。事实表明，历史中有过许多不公正的规范，而且，人们也很容易制定不公正的规范。所以，规范本身什么也说明不了。显然，人们有理由要求一种就事论事的分配性公正。这意味着任何一种具体的权益分配方案都可以由某种普遍有效的抽象的分配原则来衡量。问题的关键在于"以什么为准"。

通过比较价值选择和利益分配方式不难发现，对于价值选择，自由是一个必要条件，一种选择的方式只有当它是自由的，我们才有可能感受到什么是有价值的事情，或者说，一种好的事情只有在自由中被选择才能够真正生效。但是有一部分有价值的东西——表现为利益——所面临的问题不是被选择而是被分配，很显然，并非所有东西都能被自由选择。于是，对于利益分配来说，其分配原则注定是反自由的,也就是说,分配原则不能以个人意志或欲望为准;同样不能以某一集体的意志或共同福利为准,因为一个集体的主观意志与个人意志同样任意;甚至不能以大多数人的意志或福利为准,否则就等于说总能迫害少数人,比如说消灭掉某个小国。事实上,集体的欲望并不比个人的欲望更为公正,甚至集体的欲望总是不公正的——难免有一种合谋的倾向。至于以所有人的利益为准,则只在极少数问题上也许是可能的(这种情况如此之少以至于很难想象一个实例),而在大多数事情上显然是不可能的,否则就不会产生所谓分配问题。无论自由有多么重要,在分配问题上自由原则却不可行。如果在分配问题上使用自由原则,除了强化人的利己性之外并不能解决什么问题。

在分配问题上有一个久负盛名的原则是平等原则。现代大多数伦理学家都支持平等原则,并且认为用经过恰当解释的平等可以定义公正。首先可以承认,平等原则的优点在于它具有分配性公正所要求的反自由性质。这一点是显而易见的,但是多少令人惊讶的是现代人经常并列地提到"自由与平等",就好像这两者很协调一样。这也许是因为人们曾经既缺乏自由又缺乏平等,因此以为这两者可以兼得。其实,无论哪一种意义上的平等或者说无论怎样被解释的平等都是反自由的。因为如果不去比较多地损害和抑制一部分人的自由就不可能造成平等。平等总是人为的。既然可行的分配要求反自由性质,那么,平等原则在这一点上是合乎要求的。

但是,平等原则无论在理论上还是在实践上都有着严重的缺陷。抽象的平等是无法理解的,所以平等总是必须被解释为在什么事情上的平等。在这种具体解释中,平等的缺陷就暴露无遗了。解释平等的各种可能性,无论是机会均等还是财富均等,都必定造成不平等和平庸这两个结果。第一个结果表明了平等主张是一个谎言，因为平等导致不平等。由于人生来在能力上是不平等的，这一自然前提注定了平等本身的不平等。例如财富均等意味着对比较有能力的人进行某种剥夺。当然，现代比较稳健的平等主义者所主张的通常是机会均等。按照这种想法，由于每个人能力不同，所以所能获得的利益也就有多有少，但毕竟谋求发展的机会是均等的。尤其是当教育的机会均等时，每个人的能力都将得到发展。显然，这种想法涉及一些需要分析的较为复杂的问题。

首先，教育机会均等只能使每个人的能力按其潜能得到发展，并不能使每个人具有同等能力，所以这一均等不能对谋求发展的机会均等提供更多的均等意义。而所谓谋求发展的机会均等至多含糊而空洞地承认教育、就业、提升等等方面的机会均等，但却回避了根据什么准则对利益进行分配这一关键问题。这一理论环节的空缺在逻辑上蕴含着不平等分配的可能性。对衡量价值的准则不做规定就等于允许随便一种准则，因而我们就可以想象某个社会认为贪污受贿是正当的并且为贪污受贿提供均等机会，或者想象某个社会认为宾馆服务员应该得到最高工资并且为人们争当服务员提供均等机会。

其次，平等不仅是一纸空文而且是有害的。机会均等式的平等是现代民主制的基础原则之一。平等之所以很容易引出民主是因为民主看上去是弥补上述那个理论空缺环节的一个办法。于是，平等主义者可以辩解说，实行平等所需的价值准则可以通过民主方式来选定。如果这样的话，不难想象会有这样的一些结果：（1）大多数人所喜欢的只是人类文明中在价值上很平庸的东西，所以，人类文明中优秀的人和事都不会受尊重从而被抑制。（2）既然大多数人的兴趣规定了价值，那么凡是能够迎合大多数人的行为就是好的；只要能够迎合大多数人，虚伪和欺骗甚至也是好的。比如说，能哭会笑的人比有能力的人更适合当总统。在这里可以发现民主与专制有一点惊人的相似：对当权者进行溜须拍马就像对公众进行溜须拍马。民主式的煽情手法并不比专制式的强权手法更能保证公正。

实际上，当平等需要以民主来弥补其理论空缺时，就会暗中自相矛盾地利用违背分配性公正的自由原则。正如前面曾经指出的，分配性公正是反自由的，于是，为了使得平等、民主和自由这几种东西看上去好像是一致的，就只能在实践上把自由原则暗中改造为一种偏心的"自由"原则。在这里我们又再次看到民主和专制的相似处：它们都只能承认一种偏心的自由，即有利于一部分人的自由而损害另一部分人的自由。如果有点区别的话，无非是有利或有损于多数人的自由与有利或有损于少数人的自由的区别。如果纠缠于"多数人还是少数人"这类问题，伦理学就会蜕变为政治意识形态。公正必须是对每一个人的公正。自由和平等不但不能被用来解释公正，而且反而正是造成分配不公正的根源。无论这一说法听上去是否有些令人惊讶，但事实如此。正因为滥用自由和平等才导致了分配的难题，才使得人们特别需要公正。上述各种对公正的错误解释从根本上说都无视了公正的目的论意义。公正意味着一种就事论事的恰当性，而决不是就人论事的某种方式。做人与做事是两个不能混为一谈的问题。

既然公正是"事与事"之间的恰当性，那么，这种恰当性表现为某种事情A就其目的论的意义即可蕴含另一种事情B，而且无需借助任何假设。既然公正原则所要处理的是分配问题，那么，事际关系中的两种事情并非都是未知项，显然，我们至少直接知道其中有一种事情是人们所希望获得的权益。那么就有两种可能关系：（1）某种东西蕴含权益。（2）权益蕴含某种东西。于是分配性公正就表现为这样两个原则：

（1）授权原则：贡献蕴含权益，并且，贡献至少必须等于而不能少于权益。这意味着，如果要获得某种好的东西就必须贡献某种好的东西。这一原则可以这样来证明：公正分配的基础实质上是对等的交换，其原始形式是合理的互通有无。贡献和权益就其实在形态而言都是某种好的东西，贡献是我所能提供的好东西，而权益是我所想得到的却是由别人提供的好东西，这两者以互通有无的方式进行对等交换。这可以说是马克思主义"按劳分配"原则的改进型。这一改进的理由是"以劳动为准"这种衡量方式不够精确，并非所有劳动都意味着人类文明所必需的贡献，比如说某种纯属个人情趣的"劳动"就不能要求社会权益。显然，不提供贡献而获取权益，必定意味着某种不公正的剥夺。所以我们只能以某种有价值的成果而不是努力过程为准。如果一个人按贡献来索取相应的权益，他这一行为是公正的；如果他宁愿得到小于贡献的权益，那么其行为是慷慨的。慷慨之所以是一种美德就在于它是基于公正原则的权益出让。

（2）承诺原则：社会权益角色蕴含义务，并且，这一社会角色所能获得的权益必须至多等于所承担的义务。这意味着，如果能够获得某种好的东西就必须同意贡献某种好的东西。这一原则是孔子的"正名"原则的变形。它实际上可以看作是第一个原则的另一个角度。这一原则是职业道德的基础。如果一个人宁愿承担大于所获得权益的义务，那么其行为就表现出一种牺牲性的美德。牺牲作为一种美德同样也基于公正原则。

可以说，对社会有益的各种美德（主要表现为慷慨和牺牲）都是基于公正原则的。如果不以公正为前提就无所谓社会美德。比如说一个人贪污诈骗了巨款然后把一部分施舍给某些人，这种施舍至多只能表现他在性格上的大方而不是道德上的慷慨。同样，一个人把合法所得施舍给一个身强力壮本来应该以劳动谋生的乞丐，也只是一种有害的糊涂而不是积德。

3. 对等与估价

以上对公正的分析表明公正在形式意义上具有一种对等性（reciprocity）。人们早就意识到公正是一个"恰如其分"的概念，它意味着各得其所、各得所值。于是可以从形式的角度这样理解公正：无论对于人际关系还是事际关系，公正的对等性首先表现为"等价交换原则"，即某人以某种方式对待他人，所以他人也以这种方式对他，或者某人以某种东西与他人交换与之等值的东西。这一原则虽然是最容易直观理解的，但实际有效性却很有限，因为只有当双方在某种情境中具有几乎同等的自由和能力时，这一原则才能够被有效地执行。于是，公正的对等性又必须进一步表现为"豫让原则"，即某人以对待什么人的方式对待我，那么我就以什么人的方式回报他（如豫让所说："……以国士遇臣，臣故国士报之。"），以及"西季维克原则"，即给同样的事情以同样的待遇，而给不同的事情以不同的待遇。

然而，公正仅仅表现为对等性是不够的。怎样才真正算是对等的，这仍然是一个含糊的事情。对等原则并不能解决需要公正处理的所有问题。具体地说，等价交换原则，即A以X方式对B，所以B以X方式对A，只能证明"B以X方式对A"是公正的，却无法证明"A以X方式对B"是公正的；而"豫让原则"，即A以（B=X）的方式对B，所以B以X的方式对A，只能证明"B以X的方式对A"的公正性却不能证明（B=X）这一方式的公正性；同样,"西季维克原则"可以表述为"按照标准 X,A 和 B 是同样的,所以给予 A 和 B 同样待遇",也无法证明设定的标准 X 是公正的,我们也就无法知道 A 和 B 是否真的公正地被看成是同样的。

很显然,公正原则除了对等原则之外还必须表现为一个估价原则,即一个关于判定价值的形式公正原则。可以说,对等原则只是公正的表面原则,它必须由估价原则来支撑它,否则没有实际意义。估价原则不能是某个人的观念或者某种意识形态的观念,否则在逻辑上每个人的观念或每种意识形态的观念都将成为估价准则,这将使估价变得毫无意义。当然,人们通常知道这种主观主义是无效的,因此往往自觉或不自觉地倾向于接受一种市场估价方式。从广义上说,无论是商业性价值还是文化价值,都通常表现为市场估价的结果。社会是一个市场,一个社会行为或一种社会分配方式的价值似乎取决于它在社会中受欢迎的程度。于是,价值好像成为不断演变中的规范,时尚,传统以及政治、经济实力等等所构成的某种组合状态的函项。这种不确定的相对的价值实际上成了价格。价值与价格在单纯经济领域中的区别是否具有决定性的意义在此并不重要,但在社会批判中,如果价值只不过表现为价格则意味着公正的破产,一旦公正可以被相对地理解也就不再有意义。所以,即使价值的市场估价是一种实际上被大多数人所使用的估价方式,它仍然是一种错误的估价方式。

为了保证价值判定的公正性,所真正需要的是形式估价方式。要理解形式估价,我们可以先回顾对等原则的遗留问题。我们已经知道,无论是 A 以某种方式对待 B,还是根据某种标准对 A 和 B 进行同等分配,其中的"某种方式"或"某种标准"总是一个未经判断的 X。对此我们不能寄希望于某个更进一步的但同样未经判断的理由 Y 来证明 X,因为这只能导致无穷倒退。所以我们只能仅就A和B的关系或者说在场各方的关系来证明X的公正性。这时，我们在理论上杜绝了各种借口。只要在场外或在背景中留出借口就不能确保公正，所以，在场外的任何因素都不被考虑，只有这样才能获得彻底性。

这种在场各方的关系必须被看作是一种普遍有效的关系，也就是说，虽然在处理某个具体问题时总是只涉及某些人，但在理论上却必须对每个人有效。关键之处在于，"我"作为评判者必须把自己看作是理论上在场的，把"我"代入为A或B。如果A和B只不过是两个他人，那么我的判断无非是一种事不关己的也就很可能不负责任的主观看法。在我看来是正当的未必能够保证对于A和B来说是正当的，所以"我"必须被卷入以保证我没有偏心而且的确有责任心。为了使一个相互关系得到在场各方的绝对认可——排除了迫于条件的相对认可——就必须使在场各方在理论上首先认可"位置（角色）互换"，即能够这样设想：如果A以X方式对待B是正当的，当且仅当，A认可"当A处于B的位置而B处于A的位置，并且B以X方式对待A是正当的"。换一个角度说，对于这种位置互换关系，如果无论我代入为A或B，我都将认可其中的行为方式，那么这一行为方式是正当的。这种位置互换的原则在利益分配上同样有效，它表现为：如果A按照X准则把A和B看成是同等的，并且A和B得到同等的利益分配是正当的，当且仅当，A认可"当A处于B的位置而B处于A的位置并且B按照X准则把A和B看成是同等的，并且得到同等利益分配是正当的"。

很显然，公正原则总是一个形式原则，这也就暗示着公正性相当于一种形式必然性。当公正表现为对等性，它与数学的或者一般逻辑的必然性直接就是一致的，即允许存在某种假设，以此为前提能够必然地导出结果。但表现为互换性的公正却涉及一个微妙的问题。一般逻辑的必然性与诸主体无关,对于逻辑,存在论意义上的各个主体是无意义的,它的"主体"是一个知识论意义上的一般"我思"(cogito),或者说,即使在实际思维中思想总是某个具体主体的思想,但各个主体只是以一般"我思"的身份起作用。因此主体间不存在各自的原则。然而伦理学中的主体却有具有存在论特性的主体,每个主体有可能各行其是,所以,公正原则所要处理的不是命题间的形式必然性而是自由存在间的形式必然性,因此,这种形式必然性只能落实为主体间的地位互换性,从而达到另一层次上的对等性。

现在我们可以合理地理解公正的意义。首先,公正表现为对等性。这意味着允许存在某种假设 X,然后在 X 的基础上要求对等。这一对等原则可以消除一部分不公正的事情,例如在实际上造成多占与剥夺的所谓平等。其次,公正进一步表现为互换性。这意味着任何一个假设 X,即使它能保证对等,也必须被证明在互换方式中是有效的。这一互换原则进一步消除另一部分不公正的事情。比如说我是一个白人,我认为白人与黑人不一样,所以凡是白人都可得到较好待遇而凡是黑人则都应该同样得到较差待遇,这类事情就是仅仅具有对等性而不具有互换性所造成的不公正。

当然,公正并不是价值判断的充分方式,一种完全公正的事情仍然有可能是不好的,比如可以设想有一个人认为凡事都可以进行欺骗,同时他也认可凡事都受骗。通过公正原则显然不能判定这是不好的。所以,最终的价值判断依靠的不是公正原则而是幸福原则。确切地说,仅仅涉及一种存在的价值判断属于幸福原则,而涉及两种以上事情之间关系的价值判断则必须引入公正原则。正因为公正原则所处理的是"关系"问题,所以公正注定是形式性原则。幸福原则表明的是一个人怎样做一个人,而公正原则表明一个人怎样对他人。

应该承认,有一些伦理学家注意到公正由于是处理"关系"的因而是形式的原则,但或多或少都缺乏彻底的理解。其不彻底性表现为,他们虽然意识到公正原则是一个形式的关系原则,但却同时要求公正原则具有某种实质意义。也就是说,在解释公正的形式关系时总要引入在这种关系之外的某个规范。例如康德心目中的首要伦理原则意味着:我决意按规范 N 去行为,同时也愿意每一个人按规范 N 去行为。然而,这种公正是建立在一个可能非常不公正的规范 N 之上的。这就是经典伦理学公正理论中的死角。在此我所做的努力就是消除这一死角。我们知道,N 有着各种可能性,其中至少有一种可能性与公正原则相矛盾。那么,要消除这一矛盾,唯一的办法就是把任意一个 N 都看作是在人的关系之中可判定的而不是为了这种关系而设立的。也就是说 N 不是公正原则的一个根据而是公正原则的一个实例。要达到这一点就必须满足角色互换性。角色互换原则所表明的公正不仅仅是任意一条能够无一例外地对每个人有效的规范,而且是任意一条无论每个人是什么角色,无论在什么条件下都愿意接受的规范。这是一项比经典公正更强更彻底的要求。很显然,如果没有彻底的公正就等于没有公正。

4. 公正与人权

公正就其消极方面而言体现为惩罚。这一点是不容忽视的,然而许多伦理学家在情感上觉得惩罚(通常是暴力性的)天然是一种恶,因此总是尽可能贬低惩罚的必要性和有效性。实际上暴力本身是中性的。惩罚是公正自身的保护机制。如果缺乏这种自身保护机制，公正将是不堪一击甚至不攻自破的。

公正的对等性和互换性在惩罚方面同样有效。其中对等性所引起的问题可能更为复杂一些。惩罚性公正最容易被想象到的方式是所谓"以牙还牙"。但这种方式显然过于简单，对于许多事情来说，这一方式实际上是不可能的。比如说一个贪污犯已经把非法所得挥霍掉了，他根本不可能进行财物上的对等偿还，因此只能使他在监狱中损失许多年的自由时光来充当偿还。问题还不仅如此，即使一个贪污犯归还了所有非法所得，他仍然会被投入监狱，因为他还必须为其卑鄙行径付出代价。偿还与代价性质不同，后者意味着真正的惩罚性公正，即某种缺德行为只能换取某种相应的痛苦。

痛苦——即使是自食其果——也可能引起人们的同情，于是人们盛赞宽容这种美德。宽容意味着减免缺德者本来必须承受的痛苦。但并非任何一种对缺德者痛苦的减免都是宽容。首先，宽容区别于忍让。宽容是强者对相对弱小的缺德者的痛苦减免，而忍让是弱者对强大的缺德者的不得已让步，所以忍让不具有道德价值。其次，宽容区别于姑息，或者说纵容。姑息等于纵容作恶，这本身也是一种恶。显然，就像慷慨和牺牲是以公正为前提一样，宽容也必须以公正为前提。

在现代社会，人们倾向于提倡一种夸大的宽容——可以说是介于宽容和姑息之间的态度。这种态度往往表现为一种夸张的人道主义。这里涉及一个非常微妙的问题，惩罚则是引起这一微妙问题的微妙契机。我们知道，惩罚是暴力性的，它总要造成某种伤害，而伤害天然是痛苦的。趋乐避苦是人之天性，这一天性在现代特征性地表现为对痛苦的极度恐惧以至于对避免痛苦的关注远远超过对创造幸福的关注。夸张的人道主义正是以专门避免痛苦和伤害为特征的。夸张的人道主义者发现了这样一个理由：由于每个人都有着某些"天赋人权",所以每个人(那当然也就包括恶人)都应该享有最低限度的尊重和待遇。这种理论暗示着惩罚最终应该演变成教育,或者说,公正的消极方面最好也发展成另一个积极方面。毫无疑问,教育的确是促进公正意识的一个手段,但它代替不了惩罚。不过这不是问题的关键,在这里必须讨论的是人权这一理由似乎对公正原则造成的一个直接威胁。人道主义者当然也意识到公正的重要性,因此力图把公正说成是人权中的一种。这种掩盖问题的方式显然不是解决问题的方法。即使把公正看成一种人权,公正的普遍有效性与其他人权的普遍有效性是不可能无矛盾并存的。毫无疑问,在公正的普遍有效性(即对每个人有效)与人权的普遍有效性之间只能选择一种。

人权包含哪些方面,这一直是有争议的。就共同认可的主要项目而言无非是对生命和自由的尊重。在前面的分析中我们已经知道,要在人际关系和事际关系中进行普遍有效的裁决,就已经注定了公正是反自由的。尽管自由是幸福的基础所以首先必须被尊重,但人和人之间的关系是两个自由存在之间的关系,这就蕴含着冲突的可能性。自由是幸福原则所尊重的,而反自由却是公正原则所要求的,但这两者并不矛盾,因为各自生效的领域不同:幸福原则用于个体自决,而公正原则用于对关系的裁决。然而当引入人权的普遍有效要求时,就等于是要求在人际关系和事际关系领域中既尊重自由又反对自由,这就是矛盾之所在。

假如取消公正原则的普遍有效性会有什么结果?这就是姑息养奸,就是纵容作恶。仅仅依靠同情和宽容解决不了问题,而且如果没有足够强有力的公正,同情和宽容本身也得不到保护。所以,坚持人权的普遍有效性就等于允许以损害一部分人的人权为实际结果。既然无论是选择公正的普遍有效性,还是选择人权的普遍有效性,其结果都是损害某些人的人权,那么显然选择公正更具道德价值。

无论如何,损害某些人的人权听上去是耸人听闻的,但问题出在人们对人权的理解上。"天赋人权"是一个很容易引向错误理解的概念,它有一个不良的暗示,即每个人作为人天生具有某些权利,于是也就终生拥有这些权利。这其中有两个错误:(1)在伦理学问题上,当我们想到一个人"作为人"时,并不是在人类学或者生理学上的意义中去理解"人"的概念(这一点在前面曾经讨论过),而是在目的论意义中理解人,即人是指合目的的人。于是,从前者的角度与从后者的角度出发,"每个人"所指对象并不重合。如果把这两者混为一谈就会导致(2)即认为既然每个人本来就拥有某些权利,也就没有理由在某个时候取消这些权利。在这种意义上,人权就像思维能力一样是被给予的而且自然而然不应该被剥夺。但是,一个人的行为有可能侵犯损害另一个人的人权,其结果是,如果坚持保护每一个人的人权就意味着允许损害某些人的人权。根据公正这一理由,人权的概念必须被重新理解。

人生来只是一个自然事实,这一自然事实并不足够逻辑地蕴含人权。但人生来有选择能力,根据这一点也许可以含糊地说人有着天生的自由权,但无论如何不能因此就把自由权看成是无条件具有的,而只能看成是一种预付的权力。准确地说,人生来拥有自由这一能力,但并不拥有自由这一权力。自由权只是预付性的,这是因为人的选择有着多种可能性,一个人有可能选择去做一个像样的人即一个具有道德价值的人,也可能选择做一个坏人;有可能选择做一些好事,也可能选择做一些坏事。既然存在着选择的不确定性,所以自由权的有效期限完全取决于一个人所选择的是什么。自由权显然领先于其他各种人权,因为只有预付了自由权才使得实际上的选择成为可能,才能进一步根据所选择的事情来决定是否具有享有各种人权的资格。各种人权意味着一些权益待遇。根据公正理论，要获得某种好的东西就必须提供某种好的东西，因此，各种人权都是有偿的权益。正因为是有偿的，所以需要资格。这一点决定了自由权与其他人权的根本区别：自由权必须普遍地预付，而且是无需资格地预付，否则人们无法把思想上的选择付诸行动；其他各种人权却必须有偿地授予，否则就意味着一个不道德的人凭其生理人的身份即可享受道德人做出道德努力才获得的待遇。如果真是这样，那么道德就是毫无意义的、多余的或者说是不起任何作用的因素。除了预付性人权和有偿性人权，没有其他什么人权，或者说，没有所谓"天赋的"或无偿的人权。

当然，在某些特殊的情况下，可以观察到某些人权几乎是无偿的。例如儿童享有的人权。儿童之所以得到特殊的保护是因为他们尚未具备足够有效的选择和行动能力。然而人权的这种特例不是无偿性的证明，因为这种无偿性是有期限的。另外，有时候人们会给予某些人比其应得的更多的人权，但这也不是无偿性的证明，因为这只不过是施惠。而恩惠是可以被中止的，而且，出于同情和宽容的施惠必须是在不至于破坏公正的情况下才是道德的。

可以看出，在理论上我们无法指望以人权来解释公正的合理性，相反，只能由公正来解释人权。这意味着公正只能是形式上有效的原则而不可能被解释为具有具体意义的某种人权。从本质上说，人权其实就是人类感兴趣的基本权益，这一概念不可能暗示着更多的意义。人权既可以公正地给予分配也可以公正地加以取消。一个极其缺德的"人"是一个丧失了道德资格的人，在伦理学意义上，他就不是人（日常语言中的类似表述证明了人们其实有着这种伦理学意识）。所以我强调，一个人仅凭其生理人身份无法证明或推出其道德价值和资格，因为生理人身份只表明了一个自然事实。

第 6 章

选择与道德情感

1. 无法回避的遗留问题

在讨论有关选择的一些棘手问题之前，首先有必要回顾上述理论所取得的主要结果。通过建立一种对真理的重新理解，伦理学原则就可被看成是一种类型的真理。在诸种可能的伦理学真理中，应该把"幸福"和"公正"看作是最基本的或者说绝对领先的真理，也就是公理，主要理由是，如果不首先考虑幸福，生活就没有意义，在生活中可能涉及的其他事情也就没有价值，所以幸福原则是一个绝对原则；另一方面，幸福需要以某些权益为条件，为了分配和保护权益，公正原则就显然是另一个绝对原则。现在的问题是，按照这两个绝对原则，人们是否就肯定能在任何一件事情上做出恰当的选择？

在前面讨论规范系统时，我已经断言任何一个规范系统都不足以决定选择的恰当性，因为任何一个规范系统要么不够丰富，从而缺乏决定选择的能力，要么蕴含矛盾的解释。从表面上看，当我们不是按照某一个规范系统而是按照原则去行动时，仍然面临着类似的选择困难，即仍然会遇到两难选择的困境。但是我们毕竟取得了一个关键性的进展，按规范行事所遇到的选择困难是由随意性解释所导致的，而当按原则行事时，这一困难不再存在了。伦理学的绝对原则是由目的论所决定的显然真理，它不再需要解释。只有在思想混乱的时候，思想才表现为解释。当消除了随意性解释之后所遗留的选择困难也就不再是道德意识混乱所造成的，而是客观条件的有限性所造成的，也就是说，所遗留的困难不再表现为好坏不分，而是表现为虽然知好歹却仍然难以抉择。

这显然是一些非常特殊的情况。这些情况的存在暗示着，良好的道德意识只能使生活更美好，却不能使生活完美，或者说，好的道德意识并不蕴含着同等好的能力。在伦理学有一条通常被称作"康德原则"的规则声称"应该蕴含着能够"。这一原则纯属幻想，因为，如果"能够"指的是逻辑上的可能性则是废话；如果"能够"指的是事实上的可能性则在许多情况下只是一厢情愿。好的意愿有时难免受到客观条件的自然限制。

那么，真正的选择困难是如何产生的？我们知道人的特征性存在是每个人都有自由意志，这是一个既定事实。于是，我们不能指望以某种自然的方式来操纵每个人的选择，而只能以价值的方式去应付各种可能的选择。伦理选择在这里实际上变成了"选择的选择"。选择表现为有所不取。在好坏之间做出选择是简单和初步的，但在两种好的事情之间再次选择则依靠着一套价值的等级标准。因此，我们不仅要在事情上做出选择，而且首先必须对选择方式进行选择。这种"选择的选择"的根据仍然只能是目的论的。这里有两个问题：（1）在有价值的东西中凡是属于利益的都是有价的（有价格的），在这一方面不存在选择困难。另一类则是无价的，这种无价的价值——由于其无价性——是不可替代、无法转换的，而且相对于有价的东西来说，无价的东西更难获得，对整个生活的影响也更大，因此在价值上高于有价的东西。按照中国式的精明说法是，利益只不过是"身外之物"。（2）看来真正的选择困难只与无价的价值有关。无价的价值之所以是无价的，是因为它是人的存在本身的目的，这是不可让渡的东西，除非迫不得已。因为这种价值一旦出让就等于否定自己、出卖自己，或者说，等于证明自己是无价值的。这种出让是自己无法承受的自我缺失。没有一个人需要否定自己。然而，问题就出在这类无价的价值（按照人的存在目的论）不止一种。既然存在着多种并列重要的价值，选择困难就无法避免。

选择困难有时被描述为在某种情况下存在着两种以上不可比的价值，却不可兼得。这种描述角度是相当肤浅的。如果只考虑到"不可兼得"这一方面，选择困难的结果就好像只不过是总要吃点亏。伦理学问题决不是一个"吃亏还是占便宜"的市侩问题。在选择困难中，真正严重的事情是无论做出什么选择都必定损害其中一种价值，而且不做出选择（即听其自然）也等于做出了选择，因而同样必定损害其中一种价值。也就是说，在选择中一定会在道德上犯罪！人们可以理想主义地想象，一旦每个人具有合格的道德意识，这类选择困难将大大减少。即使如此，仍然存在着许多并非人为故意造成的而是由于无知无意或自然原因所造成的选择困难。因此，我们必须设计某种损害最小的对策。但是由于无论什么样的对策都无法阻止价值损害，所以这种"相对合理"的对策并不是另一条价值原则而只是一种斤斤计较的技术。

2. 合理犯罪技术

应付选择困难的"相对合理"技术是一种合理犯罪技术，因为即使是"合理的"解决也已经构成了道德犯罪。这种有罪意识的重要性在此暂不详论。

真正严重的选择困难以生命和情感为主题,主要表现为"去死还是去活"和"为情还是为理"。多数经典的选择难题都分属这两个主题。首先分析"生死"难题。这里所说的生死问题是一个道德问题而不是个人情绪问题。属于个人情绪的生死问题其实是一个带有自恋倾向而且被现代没落心理所强化的伪问题,它表现为对生活意义的怀疑并且采取了一种自欺欺人的不知该死该活的态度。生活意义是绝对无可怀疑的存在前提。如果可能有一种对生活意义的怀疑也只能是对某种具体生活的意义的怀疑,这种具体的怀疑实际上意味着对另一种可能生活的向往;如果怀疑任何一种生活的意义,则这种怀疑本身是无意义的,这种毫无参照系的怀疑是无法理解的。就像维特根斯坦式论证所揭示的:一个人甚至有可能对天空是灰色的或蓝色的感到惊讶,但如果他对天空无论是什么颜色都感到惊讶则是荒谬的。显然只有对某种生活的具体怀疑才是有意义的。但这种怀疑并不能真正引起生死难题,因为如果一个人真的绝望,那么他将清清楚楚地去自杀;而如果一个人只是好像想死而不去死,那么他所做的选择是生活。可见这其中除了文学性渲染之外并不构成有分量的生死难题。真正的生死难题之所以有分量,是因为无论做出什么选择都牵涉着某种责任而不仅仅是选择。苟且偷生或意气用事的一了百了是毫无道德价值的。考虑这样的情况:当一支部队陷入绝境,将军是应当为了自己和士兵无价的生命而投降,还是应当为了自己的无价人格和军队的无价荣誉而自杀或战至一兵一卒?如果选择前者则可避免无谓的牺牲,但却在使自己成为一个无耻之徒的同时也玷污了已经牺牲的士兵的英名;如果选择后者则有相反的好处和坏处。对于这种情况可以如此分析:即使将军决心去死,这一点不能蕴含他有权让士兵去死,所以他应当允许士兵投降,但他也无权提倡士兵投降,士兵的事情应由士兵自决。这样就首先把他自己的责任与士兵的责任分清楚;将军自己只能去死,因为做一个无耻的人等于否定了自己的价值,所以自杀是相对合理的解决。假如士兵也不愿投降,那么一直战到一兵一卒则是相对合理的解决。不过,无论如何生死难题几乎都具有悖论性质:一方面,世界上各种有价值的东西之所以对我有价值是以我的生命存在为前提的;另一方面,我的生命存在之所以有价值是因为世界上那些有价值的东西而具有价值的。所以,对此的解决只能是斤斤计较的,而谈不上是完美的。在某些道德关头,一个人只能去死,因为去死这一行为本身的确实实在在地承担起一种责任,它有效地维护了一种无价的价值。而偷生虽然保护了生命但却又同时使继续存在的生命变成了有罪的存在。

情理难题同样没有完美的解决。情理难题是生活中更具普遍性的难题,例如一个人是否可以为拯救父母(或妻子、朋友)而去偷钱之类。孔子关于正直的例子就是一个典型情况:某人认为"其父攘羊而子证之"是正直的,而孔子则认为"父为子隐,子为父隐"是正直的。显而易见,一方面,儿子揭发父亲的偷盗行为是正义的,但也是无情无义的;另一方面,为亲人的非正义行为做伪证虽然是有情的,但也是犯罪。无论哪一种选择都是良心难以容忍的。孔子的选择的确有其强大的理由,可以这样理解:人与人之间的美好关系表现为爱人,根据自然情感,爱人又首先表现为爱亲人。如果一个人对亲人很残忍,那么他也不太可能真正公正地对待别人,揭发亲人的非法行为虽然是正义的,但其动机有时却很可疑——比如说只不过是害怕自己被连累;另外,人比物要重要得多,伤害人也就比非法占有物质要缺德一些。因此,相比之下更应该避免伤害人心情感的行为。但是,假如我们想象另一些两种选择都是伤害人心或同样都是涉及物质的情况，而且情节同样严重，又应当怎样选择呢？在实际生活中，可能有更多的人按照孔子式理由进行选择。正如上面所述，自然情感是一个强大的理由，而且爱亲近的人的确是爱其他人的自然基础。大多数人会对不去看护自己生病的子女而去看护某个生病的他人这类事例不以为然。当然，另一种选择，即出于社会公正的选择，也有着几乎同样强大的理由。它根据着理性而不是自然情感。可以说，如果一个人不尊重道德的普遍性，不能爱护和尊重他人，也同样很难想象他能够真的爱护和亲近他人，因为这种人通常是一个唯我主义者，一个本质上自私自利的人。或者说，一个缺乏人类意识的人即使有着某些自然情感也是比较低级的情感，而且他的自然情感从根本上说是仅仅面向自己的，因此也就很不可靠。一旦危及自身利益的事情出现，他很可能不再重视对亲人的自然情感。仅仅根据自然情感或仅仅根据社会理性都不能解决人的自然性与社会性的矛盾。这种矛盾从根本上说是无法解决的。

看起来，人们在解决选择难题时所犯的错误并不是价值上的错误而是技术上的错误，这就是说，既然无论怎样选择在价值上都是一个错误，那么所谓价值上的错误就不再是一个错误。但是在技术上的不谨慎却很可能扩大在价值上的错误，以至于造成某种不可容忍的结果。所以，即使是进行"合理犯罪"，也必须在技术上是合理的，否则有可能变成不合理的犯罪。"合理犯罪"至少有这样两个技术原则：

（1）如果在选择两难中，其中一种选择所导致的罪过是不可弥补的，而另一种选择所导致的罪过是有可能弥补的，那么应当选择那种可弥补的罪过而避免那种不可弥补的罪过。例如一个人为了拯救亲人去偷钱，而且他愿意并且的确有能力日后通过工作挣钱去还钱，那么这一选择是相对合理的犯罪。

（2）如果两种选择所导致的罪过都是不可弥补的，那么应当选择比较有积极结果的一方。例如在危难时刻应当先救护儿童而不是老人，因为儿童尚未开启生活而老人已经有过生活。

至于两种选择所导致的罪过都是可弥补的这种情况，则不存在关于这种情况的技术原则。这种情况实际上不可能构成真正的两难选择，因为两种都可弥补的东西所能构成的关系只能是物质利益的关系，对于这种关系，公正原则就足够解决问题。或者说，在这种选择冲突中总能有一种选择并不真正导致罪过。最后，假如两种选择所导致的罪过都是不可弥补的，而且都有或者都没有比较积极的结果，那么必须承认根本没有什么比较合理的方法。人类无论在思想上还是在实践上都会有局限。

3. 赎罪意识

现代伦理学的一个主要倾向是以自由选择来定义和说明什么是好的，而不是以好的事情去说明选择的道德意义。这种非常有害的相对主义的错误源于把道德选择与自由选择混为一谈。这种混乱的思想损害了人们对"选择"的理解。

每一个伦理行为实际上都是进行了一次选择。我们知道，在理论上，每个人都被预付了自由权，一个人愿意怎样选择就怎样选择。自由权本身是中性的。任何一次选择，就其选择的自由过程本身而言是中性的——因此我们无法根据选择的自由性质去说明行为的道德价值。选择的道德性质只能由所选择的事情来说明，因此，自由选择必须落实为道德选择才具有伦理意义。

当一个人做出自由选择，他应该很清楚地知道自己做出了什么样的道德选择,即知道自己所作所为是好的还是坏的。假如一个人不知道自己所作所为是否具有道德价值,那么他的行为就不是自由选择的行动而其实是一种盲目的行动。而如果一个行动是盲目的,行为者就无权声称这一行动是好的。比如说当一个人辩解说"既然许多人都这么做,我也就可以这么做",这种辩解什么也证明不了。

既然自由选择必须落实为道德选择,我们就从理论上排除了伦理性投机的可能性。虽然自由是道德行为的前提条件之一,但我们无法根据自由来证明一个行为的道德价值。的确没有任何一条道德原则可以约束自由,正如我不止一次所指出的,一个人只要愿意就尽可以选择去做坏事。但反过来说,自由也不是一条道德原则。如果把自由当成道德选择的根据,就是企图进行伦理投机,即随时准备逃离责任。

伦理责任意味着(1)一个行为对某个可能行为的承诺,并且(2)由于这个行为是一个已经发生的事实,因此它所承诺的行为也必须成为事实而不能更改。当然,每种先行的行为所承诺的未来行为各不相同,人们所愿意承诺的东西因人而异。每个人可以自由地选择做出自己愿意做出的承诺,但一旦选择成为事实就无权更改所承诺的未来行为,否则就是不想为自己所作所为付出对等的代价。无论这个人实际上选择的是什么,仅凭这种形式上的不对等就可以看出他明显地违背了公正原则。伦理投机者并不反对做某些好事和有限地承担某些责任,但他随时准备在处境不妙时就背信弃义。正如前面所论证的,公正具有反自由性质。一个人自由选择了某种责任,就是自由地选择了不自由。而伦理投机者则企图在选择了某种责任之后仍然保留拒绝这一责任的自由。对于这种自私的人不存在任何选择难题。伦理投机是伦理相对主义的逻辑结果,它意味着所有价值的崩溃。

在许多情况下，人们由于客观条件所限并不能完满地承担所应承担的责任，但是这只意味着价值没有被充分实现，这与价值的崩溃有着根本区别。尽力而为却仍然不能充分承担责任，这种情况造成了遗憾，或者说道德上的有罪感，而有罪感进一步生成赎罪意识。对于维护价值有效存在，赎罪意识是必不可少的，它是对价值的最敏感意识，它充分体现着人们对价值的绝对性的感悟。如果人们不能意识到价值的绝对性，那么就没有一种价值能够真正有效地起作用，而如果没有一种价值是真正重要的，那么生活便毫无意义。正因为有着赎罪意识，人们才能够珍惜好的东西并且尽可能把事情做好。

赎罪意识的存在意味着人们在思想上对什么是好的或坏的有着一丝不苟的认识。人们在行动上所面临的是实际的道德选择。行动的选择首先遵循价值比较原则，即善择其大，恶择其小；如果遇到两难选择，则遵循技术优势原则。行动的选择原则是精明的，从某种意义上说甚至是油滑的。但假如在思想上对道德价值同样采取一种精明油滑的态度，势必从根本上损坏价值的严肃性，因此我们需要赎罪意识这种斩钉截铁的道德意识。从逻辑上说，假如 A 表示某种好事而 ●B 表示某种坏事，那么在行动中诸如 A ∧ ●B、●A ∧ B、A → ●B 或 ●A → B 这些情况必须经过价值量级比较之后才能进行判定，但在思想中却无需经过具体价值比较即可断定这些情况都是坏事。这就是赎罪意识的逻辑基础。比如说，为了拯救某人的生命而撒了一个谎，尽管这个错误与因此而得以完成的好事相比只是一个微不足道的过失，我们在行为上理所当然地做出这种选择，但在思想上又必须认识到撒谎本身绝对是坏事，而且任何借口也不能使它变成一件好事。如果总能够坏事变好事或好事变坏事，那么，即使是天大的罪行也总能找到借口使之变成好事——而借口从来都是俯首皆是的。比如为了"大业"就可卖国求荣,为了"留得青山在"就可以屈膝投降。赎罪意识的重要性就在于此:它使一个人时刻考虑到道德后果,使人尽可能避免造成不可弥补的损害,尤其是使人尽可能地做好事以弥补那些迫不得已所造成的道德过失。

赎罪意识与同情和羞耻意识有着本质差别,尽管它们有时有着类似的表现。同情心和羞耻心是人之常情,但决不像孟子所认为的那样是基本的道德感情。与此相反,赎罪意识似乎并不属于人之常情,但却是基本的道德感情。同情心和羞耻心是狭隘的情感,由此无法引向博大的公正。一个人只有在面对弱者时才会产生同情心或者说恻隐之心。"同情"强者或胜利者显然是笑话。然而,由于道德有着普遍性的意义,这就要求一个道德的人不仅会去帮助弱者,而且会去支持应当得到支持的强者。生活中许多人出于弱者的伦理意识去同情弱者,而不愿意支持强者,甚至觉得似乎可以做一些稍微有损于强者的事情。这就是为什么实现伟大的社会理想和推广真理比建立平庸的社会和宣传流俗酸臭的意识形态要困难得多。公正显然是对每一个人有效的。如果一种同情不是源于责任感而只是一种自然情感的话,那么,这种所谓的同情只不过是在追求并且享受一种心理优势。至于羞耻心也同样可疑,如果羞耻心只是作为一种自然情感,那么这种情感完全取决于集体态度的反应,而集体态度很可能源于某种病态心理而不是基于公正的价值意识。事实上只要通过不断重复的宣传和强大的集体压力就有可能使大多数人为诚实的行为、追求真理的行为甚至自然而然的性行为感到羞愧。

道德情感虽然是心理性的情感,但不是自然情感,而是对理性价值所产生的情感,所以具有精神性。道德情感是人作为人的一个基本素质。孔子在讨论"仁"时显然对此有着清楚的意识,但孟子把孔子本来通向道德情感的思想庸俗地歪曲为一条自然情感的思路。

4. 宗教的扩张

尽管道德情感在伦理学中非常重要，但通常伦理学却对那种高于自然情感的道德情感没有认真严肃的兴趣，相反，宗教却非常重视道德情感。基督教对赎罪意识的关注便是一例。为什么宗教更关注那些深刻的情感？原因之一是，宗教的意义总是与追求绝对完满相关。虽然我们在理性中设想绝对完满性，但在实践中追求绝对完满性却不是以理性为动力而是以情感为动力，而且，理性虽然是自身完满的，但却只能看护自身，它与世界和生活的完满之间有着距离，而情感则对世界和生活的完满性有着亲近的倾向。可以看出，虽然哲学和宗教都思考绝对完满性，但却以不同的方式去思考。

现在有一个问题：把作为观念的绝对完满性夸张为实在化的绝对完满存在，这反而在思想上造成某些不良效果。无论哲学对宗教的介入是否有积极意义，宗教对哲学的介入却肯定是消极的。按照信仰的设想，无论神到底以什么形态存在（这当然是不可思议的神秘状态），神总是意味着另一种存在方式，它实实在在地——尽管高不可及——体现着绝对完满。这种宗教信仰反而使绝对完满性失去了理想性。理想不是某种更高的范本，它不可能表现为某个范本，它不是有界的无限而是无界的无限。也许从宗教的角度去看，理想必须确切地体现为神。如果这样的话，这种宗教就与伦理学无法兼容。很显然，假如人的生活意义取决于超越人的另一种存在方式，那么，逻辑的结论只能是人的生活恰恰是无意义的。只要把意义或价值最终归于超越人和人的生活的"更高者"——绝对处于人的生活之外的另一种存在方式,把理想交付另一种实在,那么人的生活必定是无聊的过程。尼采声称"上帝死了"使得一些人惊讶地发现生活失去意义,这种惊讶尤其使人惊讶。如果上帝存在,人的生活才真正没有意义,而且既然人肯定不会成为神,任何拯救也不能把人变成有意义的存在。其实无需全能的上帝而只需在能力上远远高于人以至于能够操纵人的外星人就足以使人失去意义。有趣的是,仅仅以宇宙论的方式设想上帝并不能使宗教具有意义,宗教必须同时成为一种伦理观点才能够对人产生影响。可是,宗教对绝对完满性的实在化夸张却适得其反地使人类的深刻情感变了质。如果人不是因为人自身而具有价值的话,人对神的爱和赎罪也是无价值的。而且如果真正的价值终归落在人的可能生活之外,人也不可能知道对神的爱究竟爱的是什么,不知道要赎的罪究竟是什么。

人的意义恰恰在于人不是神,在于人是一种有限的存在。正因为这种有限性,所以才有着值得珍惜的事情。假如以真正超越的神目去看问题,还能有什么值得一想一说的事情?对于无限的神来说,显然一切都是无所谓的,神想怎么样就怎么样,什么都无需付出努力,什么都不会遇到困难,于是,一切都不太重要。因此,如果人的生活是有意义的,这种意义必定在于生活本身。对于这一点,中国思想家即使没有确切地给予表述也至少有着这种思想倾向。中国思想家讨论任何有价值的东西都是局限在人的画面中去讨论的。但是,我们仍然必须承认存在着比人更伟大的东西(至于表述为自然还是神却不重要),之所以无法否认某种更伟大的存在,是因为人有着局限性,人的确被限制着。这种限制意味着人的理想与"更高者"的理想或者说道德理想与自然理想之间的对立。这一点说明了关于道德理想与自然理想恰好和谐一致(比如说天人合一）的假设纯属不切实际的幻想；同时还说明了即使神的价值体系在逻辑上可能高于人的价值体系，但那种属于更高者的价值对于人来说是不适用的甚至是有害的，正像人的价值对于动物是无意义的。无论如何，人的价值只能在人的生活中被解释，有意义的生活首先必须属于人的可能生活。在人的可能性之外谈论价值恰恰是毫无价值的。

　　人必须而且只能去承担人的责任。无论是回归自然还是企图超越都是以软弱的态度去放弃人的责任和回避人的问题。维特根斯坦曾谈到，在其他问题都被解决的时候，生活问题可能尚未触及。这一说法典型地暴露出一般的哲学思路的症结。大多数人，包括维特根斯坦在内，都把价值或生活意义之源想象得过于遥远，好像是一种遥遥在外的东西——所以往往被认为是神秘的东西。设想价值或生活意义的在外神秘性是一种典型的知识论谬误。首先，在我们的世界和生活中找不到证据表明生活意义必须归于生活之外的更高者。因为假如我们相信在生活中能找到这样的证据，那么这只能证明生活意义其实已经在生活中显示出来，关于在外的假设恰恰成为胡说。其次，即使我们能够设想存在着神秘的在外更高者，既然它是神秘的，我们就不可能知道它是不是完满的，或者说，我们如果对它在知识论上是无知的，那么在价值论上也只能存疑。事实上，如果我们在生活本身中不能揭示价值和意义，那在生活之外也不可能揭示它，甚至不可能设想它（这类设想只有文学价值但毫无思想价值），因为我们不可能存在于生活之外也不可能通过一种无价值的存在去证明另一种有价值的存在——这里是一个存在论问题而不是一个知识论难题。

　　所以，不可能给出关于更高者的价值判断。我们只能承认更高者的存在以及它对生活的限制。到底更高者是什么是无所谓的，总之它的存在造成了对生活的限制（对可能生活和生命的限制）。这一限制恰恰使生活能够产生意义——只有当生活是有限的才有值得追求的东西——但造成这一限制的更高存在却不能决定什么是生活的意义或者什么是有意义的生活。事实上，正因为更高者限制着生活，所以人们不可能为更高者而生活，与此相反，人们只能为了限制之下的余地而生活。换句话说，更高者的存在论作用，即它的存在以及它的存在对生活的限制，对于生活的意义来说是必不可少的，但更高者的价值论情况，即它的善恶性质和完满程度，对于生活的意义来说却是无意义的。即使我们宁愿相信更高的世界有着更高的价值，我们仍然只能在生活中发现生活的意义并且只能选取生活的价值，而决不可能选取生活之外的价值。

只有当以一种隐含着宗教观点的方式去看问题才会造成无论怎样讨论都在本质上尚未触及生活的问题这一困境。因此，要真正理解人的问题，首先就必须悬搁关于更高者或更高世界的价值判断。只有这样才能形成纯粹的伦理学思考，才能真正理解深刻的道德情感。

道德情感从根本上说是对生活意义的自觉。最主要的道德情感表现为幸福感和赎罪意识。不过，假如有的人只有在想到上帝具备完满价值时才觉得幸福，又如何解释？其实不难看出，真正使他觉得幸福的是这种想象方式而不是被想象的东西，而这种想象方式恰恰是生活中的一个行动方式。宗教的意义在于它提供了某种想象方式，也就是某种生活方式，而决不在于显示了某种更高的价值。赎罪意识是一种以与幸福感相反的角度对生活意义的发现。人们不得已做出某种选择而感到有罪，这正意味着对被损害的价值在精神上的尊重，也意味着人们知道这些价值对于幸福生活的重要性。有意义的赎罪是对人间罪过的赎罪，因为人的罪过只能是对人所犯下的罪过，而不是对神的罪过。很显然，人不可能跨世界地到神所在的世界中去犯罪。宗教意味着某种可供选择的生活方式，但宗教观点却意味着一种极不成熟的思想方式。许多哲学家在涉及价值问题时总是要把问题引向信仰，这是一种倒退，显然，人们不去思想时就可以相信点什么。信仰是比思想低级的事情。求助于信仰只能说明哲学的思想方式仍然很不健全，仍然需要暗中利用一些不属于哲学的借口。正如我在别的地方所断言的，现在哲学需要的不是进行哲学中的革命而是对哲学的革命，即改变"哲学"这一概念。

第7章
从人类的角度

1. 主题的变型

就伦理学所涉及的主要问题而言,其主题是人生的意义,与此相应的思考角度是每一个人的角度,因此,关于生活意义的价值原则所要求的真理性表现为对每一个人的普遍有效性。

有意义的生活就是人的有意义存在。人的有意义存在创造了一种新实在,这就是文化或者说文明。人生活在人所创造的文明之中,文明作为一种新实在构成了人的另一种生存环境。文明环境甚至比自然环境对人的生活有着更大的影响。实际上,人的生活意义几乎可以说主要都在于建设文明这一生存环境。很显然,文明成了伦理学的另一个主题,它将引出伦理学中另一些特殊的问题。也许可以说,关于文明的伦理学问题是伦理学中不标准的问题。伦理学是一种关于价值的思考,它的本职工作是阐明生活以及生活中的价值。而文明的存在状态却是一个存在论问题。不过,文明存在论问题与价值问题有着特殊的关系,文明的存在状况在很大程度上决定了人的生活是否有意义,不仅仅人的有意义生活表现为对文明的创造,而且只有具备文明精神的生活才是有意义的。可以说,虽然文明的存在状况本身是一个存在论问题,但由于文明的存在状况对于生活的价值来说是有价值的，因此，文明的存在论问题具有一个价值问题的作用或效果。于是，我们可以把文明的存在论问题看作是生活价值问题的变型。

在以文明为主题的伦理学思考中，其思考角度不再是每个人的角度，而是人类文明的角度。其结果是，在这里我们不考虑任意一个或每个人的个体存在意义，而只考虑作为整体的人类存在性质，也就不再为个人着想，而只为人类整体存在着想。在这种思考中，具有特殊性质的"我"退出了画面，"我"以缺席的状态、不在场的状态或者说纯粹旁观者的身份去思考文明的存在状况。

文明有着自身的存在－发展要求。文明的目的论意义与人类整体的目的论意义是完全一致的，但与人类中的某个人或某个集团的生活意义却不一定一致。这意味着，一种良好的文明状况虽然肯定有利于人类整体的存在，但却有可能——事实上几乎必然——不利于某些人的生活。这里产生一个严重的伦理学问题：一方面，伦理原则必须有利于每一个人的生活意义；另一方面，它又必须有利于文明的优化发展。这两方面很可能出现矛盾。

然而，这样一个事实是无可置疑的：文明实际上是人的生活的一个必不可少的存在论条件，没有文明就没有人真正作为人的生活。文明的各种形式，诸如科学、技术、法律、伦理、艺术、数学和哲学等，已经构成生活价值的存在论前提。如果没有这些文明形式，每一个人将从根本上缺乏实现自由所需的行动和思想空间。这些文明形式表面上看似乎是把人的自由限制在某些空间中，但事实上，假如没有这些文明形式，人将甚至连这些空间都没有。这些空间是额外开拓出来的，是一些新的实在领域。人的自由能力如果不转化为创造性的活动，其实就没有自由，而只不过是无所事事，所以，文明不是对自由进行限制，而是为自由提供了机会。因此，虽然文明并非为个体着想而只为人类整体着想，但文明本身也并非被设计为专门对某些人不利的一种存在。文明只是在客观上为人类提供了生活的种种条件，这些条件在原则上对每一个人都有着客观的好处，除非有的人在主观上对它不满。很显然，我们只能从人类的角度去批评文明的存在状况，而不能从个人角度去这样做。

作为一个存在论事实，文明本身不是一个伦理学问题。但文明的存在论问题映射着生活的价值问题，也就是说，文明的存在状况是否健康的问题映射着人的生活是否有意义的问题。文明的存在是生活意义的存在论前提，文明的生死对生活有着决定性的意义，所以，我们可以把文明理解为一种特殊的生命。文明的存在论问题——健康或病态——就成为一个伦理学问题。在这个意义上，好的文明意味着健康的文明状况，坏的文明则意味着病态的文明。

2. 历史的参照与分析的诊断

人们经常从历史的角度去判断某种文明状况的好坏。这种判断通常以现时状况为依据去批评过去状况，或相反，以过去状况为依据来批评现时状况。前者属于激进主义，后者属于保守主义。无论是激进的批评还是保守的批评，其目的都是为了对未来的文明状况进行决策，都是为了证明如此这般的文明状况是好的所以应该被选择为未来的文明方向。毫无疑问，历史考察必须有助于决定未来的行动，否则几乎是无意义的。未来是历史的一种可能发展，是历史延伸着的虚线。

在我们参照历史时，一方面先引出一个一般被认为属于"解释学"的问题，即我们所理解的历史实际上是我们以现时观点所解释过的历史——对此有一种夸张的说法是"一切历史都是现代史";另一方面,我们所用来解释历史的观点又似乎只能是历史的产物。不过,在卷入这种问题之前,我们有理由认为这一"历史问题"的提出方式是可疑的。首先,虽然可以肯定我们是在以现时观点解释历史,但却不能肯定这一解释与历史本来面目之间有着"间距"还是没有"间距",而且没有理由拒绝这种怀疑。所以,事实上我们并非遇到难以解决的解释困难,而是根本不知道有没有这样一种困难,至少是不知道这种困难到底是什么。其次,我们其实对纯粹的历史知识并不感兴趣,在解释历史时,我们真正关心的是历史(当然是以现时观点所解释的历史)对现时和未来的意义,也就是说,历史经过解释之后并不是以历史这一身份起作用,而是转化为一些与历史有关的客观问题在起作用。既然我们准备处理的是这些被客观化尤其是当前化的问题,就不需要进入所谓的历史解释问题。除非我们糊涂到了甚至不知道当前的问题是什么。很显然,在把历史转化为问题之后,我们的任务是解决问题而不是扮演或叙述历史。于是,所谓传统就不是只属于过去的观念,而是被保留至今而且仍然在起作用的观念,也就是有着悠久历史的现时观念。传统决不是某种已经死去的观念。那种已经不起作用的观念只不过是被遗忘的文献。传统的"扬弃"是一个很容易引人入歧途的概念。我们不可能在传统之中反对这一传统,不可能在某一传统的支配下,放弃这一传统,另外,我们也不可能在某一传统中对另一传统进行有效并且公正的批评,因为任何一个立场都弱于怀疑态度。因此,无论接受或反对某一传统,如果有着强于怀疑态度的理由,那么这一理由必定落在传统之外。这意味着,任何有效的批评最终都依靠着一个不属于任何一个传统却又足够容纳任何一个传统的思维空间或者说框架。这一思维空间是无立场的,因而强于怀疑态度,而且是真正普遍有效的和超历史的。每一个人都身在历史中,所以思想的背景必定是历史性的,但思想本身却必须不在历史中,否则就将身不由己地卷入到无可适从的解释学困难中而失去反思的能力。传统观念远远不能并且永远不能充满人类可能的思想空间。任何一种新思想都与传统有关但又在传统之外。所以,思想本身的责任不是纠缠着传统(无论是接受还是反抗),而是首先去旁置传统,把传统当成对象,将传统转化为无立场的思维空间中的某个问题,然后试图解决问题。总之,真正的思想不是立场间的争端,不是对话或交换意见,这些都是思想的外交性方面。思想本身只是问题间的关系以及其逻辑解决。

解释学的哲学思路有意或无意地暗示着,那些涉及价值的问题由于不是科学和逻辑问题,因此应该以历史的、相对的、辩证的甚至主观态度的方式去理解。这就把价值性的问题变成了一种文学活动,一项表现性的措辞(修辞)工作。然而,任何一个思想问题所期待的都是某种解决而不是某种表现。价值性问题并不比其他思想问题更为特殊,它同样需要进入阐明性的方式而不是表现性的方式。比如说,艺术活动是价值的表现性活动,但艺术理论却不是表现性活动,而是阐明性的。人类不至于真的愚蠢到要进行"表现的表现"。实际上,价值问题之所以需要阐明而不是表现,是因为在价值上人们所需要的不是显示某种心理姿态,而是需要做出行动上的选择,即"去做A而不做B"。这种行动所担负的责任是实实在在的,它比表现性活动要严重得多。很显然,当行动上的选择问题映射为思想的价值问题时,对价值问题的思考也必须使用一种与其行动上的严重性相匹配的严格思想方式,否则就是在糊弄问题,就是在做一些对实际行动毫无意义的事情。那种表现性的"思想"恰恰使价值问题本身变得毫无价值。

由此可以看出，基于历史解释所做出的关于文明状况的价值评价不能构成真正有效的价值判断，而只能提供参考性材料。为了做出有效的文明决策，我们就不能从某种意识形态立场去理解文明，去对文明状况做仅仅表明态度的价值评价，而只能从文明存在的目的论意义去考察文明自身的要求。任何一种意识形态立场都联系着私心私利。马克思相信意识形态只不过是经济基础的反映，这虽然是夸张的（经济远远不能证明一切），但仍然是一种尖锐的见识。

我们可以根据一种文明状况是否有利于人类生活来判断它是不是好的。但是我们知道（实际上是感觉到）一种文明状况对人类有利并不意味着我们知道是什么条件使得这一文明状况对人类有利。既然"好"这一价值判断可以映射为文明存在论意义上的"健康"这一存在论判断，那么，文明的问题实际上就表现为"如果一种文明状况是健康的，那么它需要满足什么条件？"于是，一个价值问题就被等价地替换为一个存在论问题，我们就能够有效地避免意识形态的影响而客观地即就文明存在本身去看文明的状况。很显然，一种文明状况是不是健康的，这与观察者的主观态度无关，就像一个人的身体是否健康并不取决于观察者的评价。所以，考察文明的健康状况只能是通过分析性的诊断。

文明的存在论问题有两个方面可供分析：（1）文明的存在条件。（2）文明的健康状况的条件。前者是一个简单的问题。文明是因人而存在的，所以，文明的存在是以人类存在以及人类存在的必要自然环境和必要社会环境为条件的。显而易见，一切直接危害人类存在或人类存在所需条件的行为或可能因素都必须制止和消除。这一方面无需详论。事实上当代人对此有着足够清醒的危机意识，人们在反对毁灭性战争、限制核武器以及保护自然环境和生态平衡等等方面所做出的努力已经证明了这一点。但关于文明的健康状况问题,人们却很少有一致的认识。这是因为这一问题所涉及的事情不像前一个问题所涉及的事情那样显而易见。在这种情况下,人们更倾向于按照意识形态信念去看问题。意识形态之间的互相批评总有着说不完的"理由"。只要一个人相信某种意识形态观念,那么与之对立的另一种意识形态的每一个方面都可以被看作是错误的,而所相信的这种意识形态的每一个方面都可以看作是反对另一种意识形态的"理由"。所以说,借口总是无穷多的。但是这些借口在分析性诊断中都失去了作用。凡是弱于怀疑态度的价值观念都必须给予拒绝,这是一种比"悬搁"更为强硬的做法。悬搁实质上是"公正的"主观怀疑,它对自然观点存而不判而不是否定。这是从主观方面所能做到的公正。但是价值观念与我们的主观行为直接结合在一起,只要我们在行动中,就已经把某种价值观念带入实际的选择中了,所以,价值无法存在,从而无所判断。由此可以看出无立场的思想批判的微妙之处:我们拒绝使用任何一种意识形态立场,而以观念存在论的分析去做出裁决。

关于这种无立场的思想方法,我在别处有过详细的论述,其中一个关键的问题是:凡是自然的事实,我们只能获得关于它的高效知识而决不可能获得关于它的真理,因为自然不是人所创造的,这就造成了一个绝对的存在论障碍。因此,严格意义上的真理恰恰只能属于人所创造的精神领域。那些对自然的知识无论多么逼真都不够严格。然而对于人所创造的存在(观念和社会),由于不存在着存在论障碍,人就可能按其本身去认识它。在此,知识论与存在论是一致的——知识论的方法与存在论的方式可以达成有效的映射。人类的自我认识从根本上说并非知道自己想的是什么,不是理解自己所想的是这样的,而是知道是什么使得自己能够这样想。从广义上说,人类对自己的各种产品(观念和各类社会存在)的认识不仅仅是知道它是什么样的而尤其是知道如何使得它能够成为这样的。可以说，人类的全部问题最终都基于这个"使之能够"（enableness）的问题。不难看出，这一问题是一个关于人类思想基本方法的问题。这只是我提出"使之能够"这一问题的主要理由，至于进一步的理论，在此不述。

现在回到文明这一主题上。既然我们有理由拒绝使用某种意识形态观念，就只能从文明本身去理解文明。文明是人类所创造的，这一点决定了它的存在功能与它的存在目的（意义）是完全一致的。这是任何人类产品的特性。人类制造一个产品的目的正好体现在对这一产品功能的设计上，反过来说，对一个产品功能的如此这般的设计正好意味着某种目的。这里不存在任何存在论上的障碍。毫无疑问，文明的存在目的是维护并促进人类生活的价值。于是，一种健康的文明就必须具有足以体现这种存在目的之功能。最基本的功能要求是（1）一种文明必须具有足以保持活力的动力机制。这意味着，一种文明必须具有创造力，并且为了具有创造力就必须建立一个能够促进创造力的社会和文化系统。（2）这种文明还必须具有足以进行自身监护的免疫机制。这就需要一个公正的社会和文化系统。这两种基本的文明功能要求与人类生活的价值要求（幸福和公正）是完全一致的。

3. 社会理想与文化理想

按照上述分析，一种健康的文明要求建立有创造力并且公正的社会和文化系统。这说明，人类对文明的要求最终落实为社会理想和文化理想。这也是理论伦理学转入应用伦理学的两个基本问题。

人们在讨论社会理想时更多的是从政治学或社会学的角度去讨论的,这就很容易带入某种意识形态观念。这种局限性充分体现在通常被设想的各种社会模式中,无论是民主社会、专政社会还是贵族社会。我们知道,一个社会中各种权利和利益的分配是通过某种权力机构来实施的,于是就产生两个根本问题:(1)权力的归属,也就是权力落实在什么地方。(2)根据什么来决定权力的归属。

权力或者归属于某种政治制度,或者归属于法律。单就这一问题来看,显然权力属于法律比权力属于政治制度要公正得多。虽然法律和政治制度都在实际上有利于一部分人而不利于某些人,但法律是在人们做出行为选择后才采取有利或不利于某些人的措施,而政治制度却是预先专门为了有利于某些人同时不利于某些人而建立的,它不容选择地造成某种压迫。例如专政制度以不可抗拒的强权去压迫不属于专政集团的人;而民主制度则以温和的然而同样不可抗拒的压力去约束那些大多数人不喜欢的人和事。人们有时候会陷入这样一种思想错觉,即认为既然民主制度比专政制度要好,所以民主制度是最好的社会制度。诚然,由于民主制度具有比较温和宽松这一优点,所以它比专政制度要好得多。然而问题出在社会并非仅仅有着这两种选择(或者仅仅有三种甚至四种选择),就如人不仅仅有着去偷、去抢、去杀人放火这几种选择。把思路固执于很有限的几种选择,这是常见的一种思想情结。

可以肯定,法治社会比政治社会要好得多。不过实际社会情况并不是如此简单,一个单纯的法治社会是不可想象的,法律不像逻辑那样是"形式的",而是有内容的。这就意味着有某种观念来决定法律是什么样的。这是一个更为复杂的问题。

法治社会经常同时表现为政治社会,也就是说是一个政治-法治社会。这种社会或者是少数专制的或者是多数民主制的。专制社会的法治性质总是很含糊，实际上，它的政治性质几乎总要压倒法治性质。从表面上看，这种社会的权力似乎属于它的政治制度，但由于这种社会的权贵官僚不仅仅是权力的实际行使者，而且是政策的制定和解释者，尤其当法律也由权贵官僚来解释——为了迎合这种解释权，法律条文通常是含糊有弹性的从而留出很大的解释余地——权贵官僚就彻底地拥有权力。这些都使得一个专制的法治社会不可能是一个公正的社会。

另外，在一个专制的法治社会里，权力是最高价值（因为它意味着最终的决定权和解释权），获取权力就成了最有吸引力的活动。为了往上爬而获取权力，一个人就必须具有较强的忍受自己人格低下的能力，而且需要不择手段，因此，卑鄙的人更容易成为官僚，当官僚已经权力在手，剩下来唯一有趣的事情就是利用权力压制文明创造并且破坏他人的幸福。这样的社会只适合权贵官僚和庸人：官僚通过妨碍他人幸福而享受权力；庸人一方面溜须拍马以自保，另一方面幸灾乐祸而享受他人的不幸。因此，社会同样不可能是一个幸福的社会。

相比之下，一个民主的法治社会则是一个相当不错的社会，尽管仍然不够理想。由于这种社会是一个温和宽松的社会，它在大多数事情上允许人们选择自己愿意做的事情。这一点保证了人们能够享有正常的快乐。不过，这样的社会并不能保证人们在做出选择之后就能获得相应的利益，也就是说，它只能保证选择的自由但不能保证分配的公正。主要原因是，在这种社会中，价值是由市场价格所解释的。因此，为了取得市场效果，人们虽然不需要去迎合权贵官僚和官僚化的意识形态，但却不得不去迎合大多数人的喜好和时尚化的意识形态，于是，价值好像成了有效的欺骗性宣传的函项。可以说，在这样的社会里，虽然最坏的事情不受欢迎，但最好的事情同样不受欢迎。这种社会适合于投机欺骗和寻欢作乐，而幸福和公正则是很不可靠的，而且是很不充分的。

一个理想社会无需是最好的社会。其实，当把未来考虑在内，谈论"最好的"并没有实际意义，人类总能够建设更好的社会。因此，理想社会只是指一个足够健康的社会。我们已经肯定了一个健康的社会必须是法治性的。只有当权力落实在法律上才能够实现公正，包括对好事的支持和对坏事的制约。另外，我们又知道法律的内容不能取决于某种政治观念。很明显，一个开明的社会可以根据某种政治观念去制定法律并且严格按照法律办事，在这种社会中，虽然权力公正地落实在法律上，权力行使者也变成了技术官僚而不再是权贵官僚，但这种法律本身仍然有可能是不公正的，尤其是非常可能与人类存在的绝对价值相背。所以，法律的内容最终必须取决于道德，这意味着，一个健康社会必须由道德来决定价值，而由法律来把由道德所决定的价值实现为权力。只有这两者的一致才能保证文明的创造力和免疫力的一致。于是，健康社会只能是一个道德－法治社会。

健康的文明不仅必须具有一个健康的社会，而且还必须拥有健康的文化。在文化理想的问题上，所谓文化冲突——应该尊重传统还是应该反传统，应该选择这种文化还是应该选择那种文化，这并不是一个伦理学问题，甚至不是一个有意义的问题。这里有两个值得注意的问题：（1）我们选择某种文化在本质上并不是去选择某种风格的文化，而是去选择好的文化，也就是说，价值的选择才是真正重要的。（2）健康的文明需要包含足够丰富的文化，因此，对文化的选择并不表现为选取某种文化并且拒斥另一种文化，而是表现为给各种文化选择恰如其分的位置。如果我们对这两个问题有着清楚的意识，就可以避免许多无聊的文化争论。

判定某种文化具有较高价值或较低价值,这是一个首要的问题。在文化价值的判定上最大的错误是把爱好当成价值判断的根据。这种判定方式本身就是一种低级的思想方式,可以说是"生理式的思考"。它只适合于用来判定感官刺激方面的可接受性,但假如把它用来判定精神方面的价值,则是非常消极的。精神领域的一切进展都是创造性的,对于消极的判断原则来说,任何创造恰恰都是不可接受的。因此,无论是个人所喜闻乐见,还是大众所喜闻乐见,都不是文化价值的判定根据。在文化价值的判定上另一个主要错误是把某种意识形态观念当成价值判定的根据。任何一种意识形态观念本来就是文化中的一个产品,显然不可能以它为标准来评判其他文化产品,更不可能以它为根据去说明文化整体的价值,何况每一种意识形态观念本身在价值上都是弱于怀疑态度的。

文化的价值判定根据只能表现为一种文化对于人类文明的意义,或者说,表现为一种文化在促进文明发展上的能量。在此可以清楚地看出,所谓具有较高价值的文化就是一种蕴含着较大创造余地的、为人类创造精神准备了广阔的自由空间的,也就是更能激发并保持人类创造性的文化。这种文化最具特征性的一个现象是,它的传统所起的作用只是为进一步的创造提供了基础而不是把进一步的工作限制为派生性的注解。与此相反,具有较低价值的文化就是具有工业化倾向的,即可以按某种模式批量生产和再生产的文化。这种义化本质上是对自身模式的不断重复和复制,或者说是在不断地对自身抄袭("对自身抄袭"这一生动的说法源于博凡在评论文化现象时的一个表述)。这种低级文化的模式化生产造成习以为常的刺激,从而导致某些方面的感性和精神麻木。这种文化就其功能而言是一种消遣,而不是一项精神事业,这就从根本上丧失了文化的本性。那种"文化性"的消遣无非引人无聊地幻想或感慨。

当然，人类生活中需要某些消遣。但是，问题在于假如把消遣当成文化，或者给予低级文化较高的精神地位和社会待遇，这种低级文化就会无限度地扩张并侵蚀掉人类精神，使人类精神失去创造力而萎缩成自然反应。所以说，虽然人类既需要高级文化也需要低级文化——就像人既需要幸福也需要快乐一样——但是它们必须被安排在与之相配的位置上。要做到这一点不能依靠市场而只能依靠一个健康的社会。因此，健康的文化（即能够保持创造力的文化）必须通过健康的社会去获得保障，也就是说，健康的社会必须能够通过社会权力去使健康的文化具有"文化权力"。这具体地表现为社会必须具有消解"抵制文明的文明方式"的能力。

抵制文明的文明方式指那些在形式上表现为某种文化形式但在实质意义上却又是反文化的方式。具体表现为伪文学、伪哲学和伪艺术等等。我们知道，任何一种文明形式都意味着一个精神领域，它有着一系列独特的问题和处理这些问题的方法。正是这些特殊的问题和方法使一个精神领域具有不可替代的意义和价值，或者说，使一个精神领域成为一项事业，使其中的工作成为值得一做、值得一论的事情。人们面对这一精神领域就像面对自然存在，而解决精神性的问题就像解决自然问题一样严肃客观。于是，任何文明成就都是创造性的并且具有实际意义，无论是创造性地提出还是解决问题都实实在在地扩大了人类的精神领地。与此相反，任何一种伪文化都在回避本来必须面对的精神领域和问题，也就不可能对精神领域有所开拓，不可能有什么创造。当然，对于伪文化来说虽然没有精神事业，但毕竟有些事务可做。伪文化的制造者所关心的不是某个客观的精神领域，而是自身的心理状态，因此，伪文化从来都不是创造的，而是再现性或表现性的。如果一个人意识不到真正的文化问题是属于客观的精神领域的问题，他就会误以为文化问题只不过是主体间的对话或沟通问题。任何一种文明成就当然需要被理解和沟通，但这种交流问题并不是文化本身的问题而是文化的社会问题。伪文化的最大危害在于把文明的客观创造减弱为主观"体会"。如果不以解决客观问题为目的，任何主观感悟都无非是一段毫无意义的自白。伪文化的危害已经在当代文化状况中显示出来。在当代文化中，独特的成就越来越少，而私人的体会和集体的逗乐越来越多。如果这样发展下去，也许最后会发现没有什么可以体会的了。

我们必须意识到，伦理学不仅仅需要关心生活，而且需要关心文明问题，伦理学必须成为文明决策的根据。正如前面所指出的，文明问题实际上是生活问题的变型，这两者本质上是一致的。如果没有健康的社会和健康的文化，人类将失去幸福公正的生活。

第 8 章

以新概念哲学为背景的伦理学

1. 旧概念的哲学与新概念的哲学

经典哲学以为哲学是不同于科学知识的更高的知识。这一幻想在现代哲学中遭到严厉的批判。知识总是关于存在着的对象的知识,而不可能是关于对象的存在知识。关于存在着的对象的知识构成了科学,而经典哲学所幻想的正是关于对象的存在的知识。维特根斯坦敏感到了,世界是怎样的这一点并不神秘(因为知识能够表明世界的情况),只有这个世界的存在才是神秘的。哲学历来所关心的正是这种神秘的问题。可是神秘的东西超出了人的知识能力因此决不可能被说明。这一根本性的困难决定了经典哲学崩溃的命运。

现代哲学家是讥讽经典哲学的能手,但却没有建立新的哲学。"哲学到底是什么"成了当代具有特征性的哲学问题。在古代哲学中即便找不到哲学的确切定义,人们也不会认真地想要知道哲学到底是什么,反正古代哲学家要做的事情是很明确的,但是在今天却相当含糊。现代哲学在摧毁经典哲学时犯了一个根本性的错误:它不去怀疑以往哲学是否搞错了研究课题,而去怀疑哲学的能力。这意味着,现代哲学仍然以为原来的哲学问题的确是哲学问题,只不过是一些不可解的问题。于是,哲学被削弱为一项中转性的工作。对于分析派来说，作为分析的哲学工作只不过是把各种事情说得清清楚楚，从而使人们看清并放弃非分之想，然后就能够以恰当的方式看待世界；对于解释派来说，作为解释的哲学工作只不过是就任一事情给出各种可交流的理解，从而造成丰富的文化视界并且构成文化史。但是，无论是作为分析还是作为解释，这种所谓的哲学实际上是多余的，至少是缺乏哲学特性的。从事实上可以看到，现代哲学纷纷从逻辑学、语言学、历史学以及心理学等等角度去进行讨论，唯独忽视从哲学的角度去思想。这就不难理解为什么有些人以为人类思想将进入"后哲学"文化。的确，当代哲学正在把哲学这种独立于意识形态的纯粹思想性的怀疑、批判和证明活动演变为各种意识形态的特殊表达方式。于是，哲学活动好像不再以哲学问题为标志，而是以某些不同寻常的词汇和谈论方式为标志。当代哲学正在滑向一种中世纪式的歧途，正像希腊怀疑精神被宗教信仰所打断，当代哲学也正在向各种意识形态让步（所谓"多元"的局面）；正如中世纪哲学往往为推论而推论，当代哲学也经常为分析而分析或为解释而解释。

虽然哲学的确需要一些特殊的表述方式（哲学的概念和句式）和一些特别有助于哲学思考的技术（分析和解释等等），但是，只有特殊的表述方式和技术对于哲学是远远不够的。表述方式和技术只能表现出某个思想领域的风格，却不能表明这个思想领域是什么，甚至不能表明存在着这个思想领域。任何一个思想领域从根本上说是由它的特殊问题和方法所定义的。每种思想都有着与之相匹配的问题。假如这两者不相匹配，那么无论我们怎样思想都不会产生出所设想的那个思想领域。经典哲学的真正错误在于它企图面对一些与哲学不相匹配的问题，而决不是通常想象的在于它企图回答那些虽然属于哲学但却无法回答的问题。现代哲学对经典哲学的批评是不得要领的，尽管这种批评助长了人们对经典哲学的失望，从而造成了经典哲学的衰落，但却没有积极地发现哲学的真正领地。所以，现代哲学至多是改变了哲学的风格和态度，但并没有改变哲学这一概念。

旧概念的哲学以世界为研究对象，这就决定了它是主观立法性的。西方哲学是一种以知识论为中心的哲学。吕祥有力地论证了即使是希腊哲学也是以知识论为核心的，尽管宇宙论的设想是一个入门契机❶。中国哲学同样以宇宙论为契机，不过由于某种原因，中国哲学对知识论不感兴趣而以规范论为中心，但是，以社会为对象的中国哲学与以世界为对象的西方哲学都属于旧概念的哲学。因为，尽管具体问题有所不同，但其工作性质都是论断性的（predicate），或者说都是对主词进行谓词性描述（模态性的和非模态性的描述）。既然旧概念的哲学是论断性的，它所关心的问题就是"存在着某种事情，它是什么样的，或它应该是什么样的，并且，根据这样一些理由，它可以被看成是这样的，或它可以被说成应该是这样的"。可是，这种思想方式本身正是知识性或规范性的思想方式，我们并不能指望以此解决知识论或规范论的问题。那么，哲学的特殊性表现在哪里？唯一的辩解就是把哲学说成是对所有普遍知识有效的"更高的"知识或规范。然而现在人们已经意识到那种所谓更高的知识对于实际有用的知识来说即使不是无效的，也是毫无意义的。这是一个惊人的事实，我们有理由提问：像这样的哲学到底有什么用？众所周知，关于世界的科学知识能够在实践中成为利用世界的力量，可是关于世界的哲学看起来至多助长某种态度。把世界说成是什么样的实际上是无所谓的。如果说关于世界的说法或理解是一

---

❶ 参阅吕祥：《希腊哲学中的知识问题及其困境》，湖南教育出版社，1992年。

种文学的话，那也只是准文学，因为人们要求文学去描述一些更有趣的事情而不是抽象地谈论世界。既然我们只生活在世界的现象中，那么与世界的"本质"有什么关系？既然我们只能经验，那么与"超越"的世界有什么关系？即使有关系也不可能知道，即使知道了也没有用。至于现代哲学所鼓吹的分析和解释当然不具有这些缺点。但是，如果不去解决一些真正的哲学问题，而只是玩弄词汇或只在谈论方式上做文章，那么，分析和解释就其本身而言又有什么意义？

我们需要一种新概念的哲学。到底是哪些问题一定要由哲学来解决？这是首要的问题。我们已经知道，世界的问题——无论是现实世界还是想象世界，无论是物理世界还是心理世界——只能交给科学去解决或交给文学去设想。哲学承认各种世界的存在但无需去研究这些世界的存在。世界或者是在某种观念中被理解的，或者是在某种观念中被设想的。对于某种观念来说总有着某些相应的世界，这不成问题，我们有多少思想方式就会有多少相应的世界。没有一个观念本身是荒谬的，但并非所有的谈吐和词语都意味着某个观念，因为人们有时候会胡说八道。于是，我们需要辩明什么样的语句是观念而不是胡说。说出一些语句并不困难，困难的是制作出合格的观念。可以看出，观念是如何被造就的，这是一个问题。观念本身是一种特殊的存在，是被制造出来的思想性存在，这意味着，观念不是自然现成的存在，于是，任何一个观念的存在都是一个思想的问题。所谓哲学问题只能是以这些思想性问题作为问题。所以，哲学不是面对事物本身，而是面对思想本身；不是面对世界，而是面对观念界。这其中的道理其实很简单：我们使用某种观念去看或设想世界时，我们看到了某个世界并且使用着这个观念，但却无法反思这一观念，或者说，我们只知道所看到的世界对于所使用的观念来说是合理的,却不知道这个被使用的观念对于思想活动来说是否合理。而当对任一观念进行反思时,我们就不再受这个特定观念的支配,也就是在任何一个关于世界的观念之外进行思想。这种不属于某个特定观念的纯粹思想活动就是哲学。

观念问题与世界问题有一个根本的区别:事物的存在总是一个现成存在,我们无法提出关于这个事物是否存在以及是真是假的问题,或者说,一个事物的存在或真假不是由思想所决定的,思想也就不能对它提出这类非法的问题;而观念是思想的产品,一个观念的存在实际上是由一组思想步骤构成的,或者说,是由特定的一些思想工序构成的,因此,一个观念并不等于一些语句——虽然观念总是表达为语句——而是思想步骤和工序。语句只是观念的现象而非观念本身。所以,说出一些语句有可能表达着一个观念,也有可能只是稀里糊涂的谈吐。很显然,思想问题不可能仅仅通过语言分析来解决,即使我们有了清清楚楚的表述也不一定就有了有意义的观念,因此,思想问题只能通过思想工序的分析来解决。在这个意义上,哲学的工作性质不是描述性的而是工序性的,哲学必须是观念的核计工作(assessment),或者说是思想的自身核查(self-check)。应该说,这种新概念的哲学可能不如旧概念的哲学那么有趣,但却可能使哲学成为一种实实在在有用的思想,而不再是痴人说梦。

思想的自身核查工作主要针对两个问题。

(1)揭示制造观念的思想工序。由于观念实际上就是一组思想步骤和工序,所以理解观念就是给出制造这一观念的思想工序。通常我们说到一个观念是真的,指的是这个观念对于存在着的世界来说是真的。这是知识式的"真"。但当说到一个观念就其思想工序而言是真的,这种"真"不具有外在参照系,因此这种"真"指的是"存在"。可见,观念本身的问题意味着一个观念是不是思想中的一个合法存在这一存在论问题。在观念存在论中,"真"被换算为存在。这就是说,哲学关心的不是一个观念对于世界是否为真,而是关心一个观念在思想中是否能够存在。这种关于 able to be 的思考表现为 enable to be 的问题,即需要什么样的工序才使得一个观念能够成为思想性的存在问题。

(2)对广义逻辑的阐明。制造观念的思想工序由人类思想方法所决定。核查思想工序就是根据思想方法对思想步骤的审查。对思想方法的工作结构的模型刻画(transcribe)就是逻辑。通常所说的逻辑是符号化的形式逻辑,它已经基本上刻画了思想方法中的推理部分。关于推理的逻辑只是狭义的逻辑,思想方法中的其他部分尤其是基础部分则需要由广义逻辑来阐明。稍具体地说,狭义逻辑表明的是如何从基本观念引导出或派生出其他观念,但是却无法说明那些足够基本的即非派生的观念是如何制造出来的。另外,狭义逻辑原理的必然有效性也无法由狭义逻辑自身来说明。这两个方面说明了狭义逻辑即形式逻辑的思想局限性,同时也说明了最基本逻辑问题只能在广义逻辑或者说实质逻辑中被解决。有些意识到形式逻辑的局限性的哲学家以为有一种能够避免这些局限性的"辩证"思维,但是由于这种所谓的辩证法与形式逻辑是不兼容的,因此不是一种思想方法而只是一种观点或对话方式。实际上,作为实质逻辑的哲学和作为形式分析的逻辑是同源的,都源于对 logos(思想方法)的反思,可以说,形式逻辑和实质逻辑正是 logos 的两个维度。形式逻辑以观念为单位,通过观念间形式关系的必然性去证明某些观念的存在必然性,而实质逻辑则以意义为单位,把任一观念换算(convert)为一组意义,通过意义单位间的必然关系和构造工序去证明任一观念是否具有存在必然性。

可以看出,这种新概念的哲学要求哲学不再是意见和看法,更不再是一些说法，总之不再是类文学的语词活动，而是一项切实有用的思想任务。哲学的基础部分就是观念存在论或者说实质逻辑。而哲学的大部分工作都是实质逻辑在各类观念上的应用。这意味着，哲学不是被瓜分为存在论、知识论、伦理学、美学等并列部门所构成的系列研究，而是以实质逻辑为方法对科学观念、数学观念、伦理观念、艺术观念、法律观念、政治观念等等观念的应用性研究。那种抽象的知识论将不再有意义，传统的知识论问题或者可以转换为观念存在问题，或者可以落实为各类具体观念中的问题——除了纯粹的思想方法和各种具体的观念问题，我们不可能也不需要思考那些不切实际的问题，除非不是从事哲学研究而是在进行文学创作。

2. 从思想到生活

在新概念的哲学中，思想方法的研究（即观念存在论或实质逻辑）是最基本的哲学工作，但这种工作的目的是为了应用，也就是说，纯粹的思想反思的意义在于它能够进入生活。为思想而思想是没有意义的。只有那些不知道思想有什么意义的人才会为思想而思想，才会以为这种无用的事情是一项"高级"的活动或职业。真正艰深的思想是由于其专业性，而貌似艰深的思想是由于它是无用的。无用的乱语容易给人一种错觉，以为它们是艰涩难懂的。某种意义上可以说，哲学都是应用性的哲学。所以，一个有意义的哲学问题或者是一个对生活有意义的思想方法问题，或者是一个生活观念问题。换一个角度说，哲学只关心人能够有所作为的领域而不关心人不可能有所作为的领域。诸如世界的本质、超越的世界和绝对精神等等都属于人无所作为的领域，因此都不是哲学问题。维特根斯坦曾说，不可说的应当沉默。这是一个很不恰当的观念。它暗示着，那些最重要的东西是不能陈述的，但仍然作为最重要的东西显示着。"可说不可说"这一知识论问题其实不是一个重要的问题，"可做不可做"这一存在论问题才是一个重要的问题。我们必须这样理解：并非"可说不可说"而是"可做不可做"表明了思想的界限，凡是不可做的都不是思想问题；而且，"可做不可做"不仅是思想的界限，它同时也是价值的界限，凡是不可做的都没有价值。那种据说是超越的东西，既然人对它无所作为，它就不存在于人的思想和生活空间中，人的所有努力对它毫无影响，对它产生不了任何效果，也没有任何迹象表明关于它的思想具有价值。所以说，只有人能够做的事情才有价值，才能构成一个有意义的问题。马克思曾指出，以往的哲学家只不过是不同地解释了世界，可是问题在于改变世界。尽管这一看法只涉及"做"的问题的一个方面，但肯定是一个意味深长的见解。

人能够有所作为的领域是思想和生活，与此相应，人只有两种成就，即真理和价值。一个观念无论对于哪一个可能世界为真，它本身首先必须在思想中为真。在思想中为真意味着在思想中能够存在，或者说具有存在资格，因此，思想的问题（即真理问题）从根本上说不是知识论问题而是存在论问题——观念存在论问题。可以看出，在思想领域中的哲学思考就是把知识论上的可靠性换算为存在论上的可靠性，关于这一点的最简单理由是，我们所能设想的任何知识论可靠性都弱于怀疑态度，只有通过存在论才能知道什么是真正可靠的。与这种归向存在论的思路相反，在生活领域中的哲学思考却是从存在论出发的。很显然，人的生存是一个直接的存在论事实，是一个无需经过反思就一清二楚的事实，所以，人的生存不是一个问题。但是，由生存这一事实却引出了生活这一问题，或者说，人如何有意义地去生存的问题。生活的价值只能由生活的目的论真理来说明，于是，在生活的问题上，哲学思考表现了一个由存在论出发走向真理的思路。

不难看出，伦理学是哲学应用性研究中最根本的问题。可以说，新概念的哲学结构是存在论－伦理学结构，它主要的工作是揭示思想方法（logos）和价值（value），其他的哲学问题或者是这两者的具体表现，或者是一些与之相关的参考性问题，除此之外，我看不出还有什么哲学问题是对人类思想和生活确实有用的问题。

伦理学作为新概念哲学中的应用性部分，它有一个根本的特点，即我们在生活事实上不可能有什么新发现，或者说，我们不可能在生活事实之外发现什么新感觉，或发现任何一种超越生活事实的"意义"和目的以及规范之类的东西，生活事实总是一清二楚的。任何一种宗教或者准宗教的追求尽管总是指向高于生活的某个世界（并不存在的世界），但这些追求就其本身而言却是在生活之中的，所以，即使这些追求指向高于生活的世界，然而那种在思想上高于生活的世界在价值上却低于生活，甚至有时是无价值的。最简单的理由就是，我们不可能在生活之外生活。一种不可能的东西肯定不是真的，一种不可能的东西同样肯定不是好的。就这一点而言，真理与价值是一致的。那种所谓更高的东西决不像维特根斯坦所暗示的那样，虽然不可捉摸但却是最终的价值。这是西方哲学的一个套路。西方哲学虽然在具体问题的分析上一贯清楚明白，但却总是在最根本的问题上向含糊的宗教以及准宗教意识让步。这种西方式的让步不仅包括伦理学上，而且包括知识论上的让步。不难发现，西方哲学总是在缺乏根据的地方盲目地承认"绝对的"伦理原则或者"自明的"思想原则，这就掩盖了哲学上最根本的问题。

伦理学的原则只能在生活中被阐明，凡是不可能实现为生活的东西对于生活来说都是无意义的。我们可以追求某种更好的生活，却不能追求另一个更高的世界。伦理学的原则也必定能够在生活中被阐明。生活中的任何一种意义都必须能够落实为某种心理——生理感受，否则更不是生活的意义而是思想的意义。也许我们从知识论角度很难描述感受，但既然我们亲身地经验着各种感受，亲身地分辨出好的感受或坏的感受，那么，尽管我们在知识论意义上"不知道"这些感受，但却在存在论意义上知道这些感受。伦理学原则与良好感受是一致的。所以，生活的意义就是好生活。对于生活来说，我们想象不出比好生活更重要的事情。

好生活是生活的一种状态，即幸福。幸福是每个人都可以亲身经验、不言而喻的事情。所以说伦理学力图揭示的不是什么是幸福，而是怎样才能获得幸福。这再次表明哲学问题只是关于 enable to be 的问题，而不是关于 to be 或 to be understood as 之类的问题。后者是旧概念哲学的问题，这类旧概念哲学问题都基于这样一种自以为是的幻觉，即以为人们不知道事实其实是什么样的，而哲学家却能够知道。可是，即使哲学能够提供关于事实的不同寻常的理解，我们也不可能知道（1）这些不同寻常的理解真的比那些寻常理解更为可靠。（2）这些不同寻常的理解是有意义的。了解事实的真相并非哲学的特长。如果说哲学揭示了什么真相，那也只能是思想本身的真相。哲学必须解决一些实实在在的问题而不是给出五花八门的理解。既然每个人都已经有了自己的理解而且已经是五花八门的了，人们也就不再需要太多的五花八门的理解，何况那些貌似深刻的理解总是更为可疑的。

当进入 enable to be 的问题，我们所要求的就是一种事物的必然判断。过去的经验总结或者事先设立的规范都不能保证既事先又必然的判断。所以我强调只能通过目的论的分析去发现幸福之路。

所有伦理学的问题都由幸福问题开始。但是传统的伦理学往往轻率地卷入这样一种思想方式：假如有些人高调地谈论规范和信仰，那些对此心怀疑虑的人就会低调地谈论快乐和利益，而那些对这两种立场都心怀疑虑的人则调和地谈论既要这种又要那种的立场。这种对话式的或辩证的思想方式实际上是传统哲学中非常普遍的思想方式，比如说，当有人认为世界是这样的，就会有人认为世界不是这样的，还会有人认为世界既是这样的又不是这样的。其实我们很容易发现，随便一个问题都可以引发这类所谓的哲学思考和对话。这类思想方式内含着一种不良暗示，就好像思想只有这么几种选择。而这类思想方式很可能从一开始就走错了方向。实际上，无论对世界有什么样的理解或者对生活有什么样的假想都是无所谓的，都解决不了什么实际问题。在希腊早就有人表达了这样的疑问：人们从铁匠处能学到打铁，从木匠处能学会木活，从法官处能学会诉讼，可是从哲学家那里所学到的是什么？有谁好意思说学到了"智慧"？旧概念的哲学家看上去都太像是具有非常目力的导师，可是有谁好意思说他真的需要各种说教，而且相信那些说教真的能解决什么实际问题？新概念的哲学并不企图冒充某种高人一等的非常目力，而只想通过某些非常的方法解决哲学问题。这些问题也并不离奇，而是每一个反思着的人都有可能遇到的问题。哲学不是为了教导，也不是为了对话，如果不是为了真理而对话，那么，对话就是廉价的。

幸福问题就是伦理学中首先遇到的实实在在的问题。为了保证幸福就必须有公正，于是，公正是另一个实实在在的问题。可以说，全部伦理学问题都以这两个问题为基础。如果有了幸福和公正，那么随便哪一种社会形态都能够提供值得一过的生活。但决不能反过来说,只有某种社会形态才能提供好生活。现代伦理学的一个主要错误是,它不是把幸福和公正当作绝对先行的问题来分析,而是把幸福和公正肢解为七零八落的含糊的小问题来讨论,诸如利益、平等、民主、人权、义务以及爱心、仁慈等等。可是这些问题恰恰需要在幸福和公正原则中被说明,否则我们不可能知道那些东西有什么意义或价值。现代思想总是在一些小问题上铺张浪费地大做文章从而掩盖在根本性问题上的糊涂或虚伪。

我们必须意识到,以哲学的表述方式所提出的大量问题中其实大部分并不是真正的哲学问题,而是实践和经验中的一些具体的对策或选择,这些问题所需要的是做出决定而不是纯粹的反思。真正值得一想的问题并不多。

具有讽刺意味的是,许多人严肃认真地思考了许多并不严肃认真的所谓哲学问题,而且以严肃认真的态度鼓吹或接受了许多并不严肃认真的偏见。如果说当代不少人对哲学的胡说已经感到厌烦——那些不切实际的幻想与真实有效的思想和生活又有什么关系?这种厌烦是有理由的,但这并不意味着哲学的终结,而只意味着哲学尚未真正成为一项事业。

3. 对伦理学观念分析的一些总结

正如前面已经说过的,生活的事实是一清二楚的,伦理学的工作既不是对这些事实的澄清(事实本来就不清楚),也不是表达对这些事实的态度(态度是廉价的),所以伦理学的工作主要是揭示在伦理问题上(1)怎样在理论上处理这些问题才是合理的;并且(2)怎样在生活中解决这些问题才是有利的。这两个方面表明了伦理学不只是头脑里的哲学，而是一种有着实际意义的应用哲学。

由于伦理行为不是自然反应而是伦理观念所操纵的活动，因此，对伦理行为的批评也就表现为对伦理观念的批评。这种批评既然是理论性的，它就不是表明某种态度。表态只是生活中的一个具体行为，所以我们也只能以对付生活行为的方式去对付表态的行为——假如一种伦理表态是好的则给予支持，假如是坏的则与之斗争——这完全是实际行动上的较量而不是理论问题。伦理学不但不是表态的行为，而且甚至不是关于表态的理论解释。对于一个实践问题来说，它所需要的是行动而不是理论上的虚张声势，何况这种虚张声势只是那些被书本教条惯坏了的空想家的一厢情愿，它根本无助于解决实际问题——人们想怎么做还怎么做。问题出在那些感化性的伦理学即使看上去很像是严肃的理论也只不过是某些规范或意识形态的宣传方式，它只是为某种社会制度、某种宗教、某种文化甚至某个阶级着想而不是为每一个着想，它考虑的只是"每个人都应该……"，而不是"每个人本来意味着……"。谁好意思说他真的需要那种诲人不倦的伦理学（表态性伦理学）或者那种关于诲人不倦的元伦理学（对表态的解释以及解释的解释）？与其他事实上有用的人类思想一样，哲学必须直接解决问题，而不是仅就某些与需要解决的问题有关的材料进行解释又解释，最后忘记了本来要解决的问题（这是否也可以说"与真理隔着三层"）。

于是，在面对伦理问题时，伦理学要做的工作不是多制造几个伦理观念，而是寻找能够解决问题的方案。如果真的要解决伦理问题，正如前面所述，就不可能指望有一种主观表态性的"解决"，一般伦理学家希望伦理学命题（假如有伦理学命题的话）与真理一样值得尊重，一样具有"绝对性"却又不是真理，或者说，真理是必然的，而道德是崇高的。这种传统的想法是一种糊涂的幻想，它其实是不攻自破的。如果不表现为真理的必然性，所谓高尚的东西就总是显得可疑。在某些人看来是高尚的行为并不能保证在别的人看来同样是高尚的。问题就在于，必然性取决于某种程序而所谓高尚这样一些主观性却只反映着某种态度。显然，那种必然值得尊重的价值必须同时具有真理性。因此，伦理学命题必须是一种真理。由此引出的发现就是，以往哲学的真理概念是有缺陷的，它不能反映所有类型的真理也不能反映真理的根本性质。所以，我们需要一个真理的新概念；真理性不再体现为一个判断的取值（真假好坏），而是体现在判断的判定形式上（是或不是）。对于"X 是真的"或"X 是好的"，我们所要证明的并非其中的"真的"或"好的"这类取值谓词，而是其中"是"或"不是"这类判定性谓词的合法性。不难看出，取值谓词只不过是一个判断的类型表现，是一种形容的方式；判定性谓词则是判断的本质结构，而且取值的合法性完全取决于判定的合法性。证明一个判断的合法性就是证明其必然性。我们可以用必然性来定义真理性，却无法用真理性来定义必然性。取值谓词"真"和"假"在思想句法中几乎就是形容性的代词而已。从这种真理性概念出发，就可以避开伦理学上许多传统的骗局，就能够把思想集中于可能发现的伦理学真理之上而不会只想到自己心理上认同的某一立场。

当然，伦理学真理不是自然事实的真理，也不是纯粹思想上的真理，而是关于人的真理，确切地说是关于生活的真理。毫无疑问，对于伦理学来说，人是给定了的绝对事实，在人之外的问题都不是伦理学问题。按照真理的新概念，"X 是好的"这类语句并不一定都是主观表态，只要"是"这一断定是必然的，就是一种真理。诸如"幸福的一生是好的""冠军比亚军好""有创造力的文明比平庸停滞的文明好"这类价值命题都是显然的真理。当然，没有人禁止某人说"不幸是好的"或"我就愿意过可怜的一生"。这些荒谬的说法根本不能制造出另一种价值,对别人没有价值,对自己也没有价值。如果有人只愿意胡说八道,那就尽可以说下去,这是无所谓的(似乎维特根斯坦曾有类似说法),因为胡说反正成为不了真理。无论哪一种真理都必须经得起怀疑(在这个意义上,科学只是知识而不是真理,科学知识按波普尔的说法总是"可证伪的")。

伦理学真理只能在目的论维度中找到根据。在这里有一个特殊的理由:如果不从目的论维度去理解每一个人以及每种事物的存在意义,就不可能从任意一个人的角度去理解这个人的价值,也就不可能公正地对待人——这种结果恰好违背了伦理学的公正要求。在理解每一个人时,我们必须理解对于他来说,他可以是怎样的。在这一基础上才有公正可言。如果只想到对于我(我们)来说,他应该是怎样的,那么就根本没有公正可言——因为我们只不过是根据我们所喜欢的规范企图去安排别人的命运。愿意使某条规范成为普遍规范(像康德所说的)并不是真正的公正原则——难道"我"("我们")有什么特殊权力决定哪一条规范可以成为普遍规范吗?所以说,无论是独裁还是民主在本质上都是反对公正的。如果不从目的论角度去理解每一个人(我和他人)的意义,就不可能建立道德意识。对于没有道德的人就只能以不道德的方式对待他,否则恰恰是不道德的。

实际上,一旦意识到目的论维度对于伦理学是决定性的,就不难理解我为什么只承认有两个基本的伦理真理——幸福公理和公正公理——其他伦理真理都以这两个原则为前提。很明显,对于任意一个人来说,他有着自己的生活目的;对于任意一种人与人之间的关系来说,这种关系有着这种关系的存在目的。生活中的一切事情都分属于这两个基本事实,前者所要求的是幸福,后者所要求的是公正。值得强调的是,这两者之间有着极为密切的联系:一个人的所有幸福都与他人的存在有关,因此,虽然幸福总是个人的,但却必须以其同类关系为保证,所以可以说,幸福蕴含着对公正的要求而公正又服务于幸福。幸福原则和公正原则都不以规范为准,原则高于一切规范,任何规范都必须由幸福和公正原则来进行最后裁决。任何一种企图充当伦理规范的解释理论的伦理学在理论上必定弱于怀疑态度,在实践上很难避免作为"弱者道德"这一缺点。所以,伦理学不能充当伦理规范的解释而只能是对伦理规范的判定。

关于幸福原则和公正原则,我只不过力图说明人们对幸福和公正的自然而然但有些含糊的直观。要看出这两种直观的必然性,就必须进入目的论维度。问题就是,当任意一个人在拥有自由权力和自由人格的情况下,他将追求什么?将认可什么?在这种纯粹的条件下,幸福的给予性和公正的可互换性就很容易被理解了。而在生活的细枝末节和社会的虚情假意中,人们的道德直观则经常被遮蔽。

另有一个关键的问题是,当把某种行为判定为"好的"时,这个"好"的概念必须能够在更精确的定义中被理解,否则,一个含糊笼统的"好"的概念会歪曲伦理判断。旧伦理学在这一问题上的失误是很典型的。许多伦理学家对"好"进行了怀疑主义式的或者武断的分析,但都同样错误地以为"好"是一个足够基本并且具有完整实质意义的概念。实际上,"好"是一个表示着非常抽象的肯定性的概念,它只是各种被肯定的价值的一个代词。我们出于习惯和方便而滥用这一概念,就像在许多情况下滥用"真"这一概念一样。

"好"(good)主要包括两个类型:(1)道德上的"好",即美德或者说优越性(virtue)。其判断形式是"X 是好的"。(2)策略上的"好",即有利有益(advantage)。其判断形式是"X 比 Y 好"。

类型（1）是无需计较的绝对善，类型（2）是斤斤计较的比较善。这两者的区分对处理伦理问题有着至关重要的意义。尽管我们在选择中总是两善择其大，两恶择其小，但同时必须对善有着绝对意识，否则任何一种善都将消解在相对善之中，也就没有什么是善的。这就是说，即使撒谎或偷盗能够救人一命，因此相对成为好的，但仍然必须承认撒谎和偷盗在本质上是坏的。只有这样才能够尽可能避免作恶。传统伦理学中那种所谓绝对善还是相对善的问题纯属观念混乱所生。实际上，凡是就其本身就具有道德价值的行为都是绝对善的；凡是相对善的行为只不过是权宜之计，只是技术性的处理，即使具有善的性质，也只不过是在某种程度上反映着对绝对善的尽可能尊重。

在严格意义上，"好"（good）只能局限于表达美德（virtue）。于是就可以把"好"（good）与"权益"（advantage）泾渭分明地加以区分。不过，强调善的绝对性并没有贬低权宜行为的意思。权宜行为是必不可少的，或者干脆说，有限的作恶是必不可少的，因为，如果善不与强力结合在一起就必定是软弱而不能自保的，如果善无法保护自身就不会存在着善。软弱的善根本就不是善。

不难看出，本书试图阐明的伦理学与一般意义上的伦理学有着根本性的不同，这种不同首先表现在对伦理学命题的不同要求上。一种追求真理性的伦理学与追求劝导性的伦理学几乎是背道而驰的。从情感上说，追求真理性的伦理学不是基于对软弱与不幸的同情，而是基于对光辉人性的热爱和希望；不是鼓吹普遍拯救，而是支持创造幸福和维护公正。如果一个人成为一个人性优越的人就能够消除由自己造成的不幸；如果一个社会是一个公正的社会就能够消除由他人造成的不幸。自己造成的不幸由自己负责；社会造成的不幸由社会负责。

出版后记

当前，在海内外华人学者当中，一个呼声正在兴起——它在诉说中华文明的光辉历程，它在争辩中国学术文化的独立地位，它在呼喊中国优秀知识传统的复兴与鼎盛，它在日益清晰而明确地向人类表明：我们不但要自立于世界民族之林，把中国建设成为经济大国和科技大国，我们还要群策群力，力争使中国在21世纪变成真正的文明大国、思想大国和学术大国。

在这种令人鼓舞的气氛中，三联书店荣幸地得到海内外关心中国学术文化的朋友的帮助，编辑出版这套"三联·哈佛燕京学术丛书"，以为华人学者上述强劲吁求的一种记录、一个回应。

北京大学和中国社会科学院的一些著名专家、教授应本店之邀，组成学术委员会。学术委员会完全独立地运作，负责审定书稿，并指导本店编辑部进行必要的工作。每一本专著书尾，均刊印推荐此书的专家评语。此种学术质量责任制度，将尽可能保证本丛书的学术品格。对于以季羡林教授为首的本丛书学术委员会的辛勤工作和高度责任心，我们深为钦佩并表谢意。

推动中国学术进步，促进国内学术自由，鼓励学界进取探索，是为三联书店之一贯宗旨。希望在中国日益开放、进步、繁盛的氛围中，在海内外学术机构、热心人士、学界先进的支持帮助下，更多地出版学术和文化精品！

生活·读书·新知三联书店
一九九七年五月

三联·哈佛燕京学术丛书
[一至十九辑书目]

第一辑

中国小说源流论 / 石昌渝著

工业组织与经济增长的
理论研究 / 杨宏儒著

罗素与中国 / 冯崇义著
——西方思想在中国的一次经历

《因明正理门论》研究 / 巫寿康著

论可能生活 / 赵汀阳著

法律的文化解释 / 梁治平编

台湾的忧郁 / 黎湘萍著

再登巴比伦塔 / 董小英著
——巴赫金与对话理论

第二辑

现象学及其效应 / 倪梁康著
——胡塞尔与当代德国哲学

海德格尔哲学概论 / 陈嘉映著

清末新知识界的社团与活动 / 桑兵著

天朝的崩溃 / 茅海建著
——鸦片战争再研究

境生象外 / 韩林德著
——华夏审美与艺术特征考察

代价论 / 郑也夫著
——一个社会学的新视角

走出男权传统的樊篱 / 刘慧英著
——文学中男权意识的批判

金元全真道内丹心性学 / 张广保著

第三辑

古代宗教与伦理 / 陈 来著
——儒家思想的根源

世袭社会及其解体 / 何怀宏著
——中国历史上的春秋时代

语言与哲学 / 徐友渔 周国平
陈嘉映 尚 杰 著
——当代英美与德法传统比较研究

爱默生和中国 / 钱满素著
——对个人主义的反思

门阀士族与永明文学 / 刘跃进著

明清徽商与淮扬社会变迁 / 王振忠著

海德格尔思想与中国天道 / 张祥龙著
——终极视域的开启与交融

第四辑

人文困惑与反思 / 盛 宁著
——西方后现代主义思潮批判

社会人类学与中国研究 / 王铭铭著

儒学地域化的近代形态 / 杨念群著
——三大知识群体互动的比较研究

中国史前考古学史研究 ／ 陈星灿著
(1895—1949)

心学之思 ／ 杨国荣著
——王阳明哲学的阐释

绵延之维 ／ 丁　宁著
——走向艺术史哲学

历史哲学的重建 ／ 张西平著
——卢卡奇与当代西方社会思潮

第五辑

京剧·跷和中国的性别关系／黄育馥著
(1902—1937)

奎因哲学研究 ／ 陈　波著
——从逻辑和语言的观点看

选举社会及其终结 ／ 何怀宏著
——秦汉至晚清历史的一种社会学阐释

稷下学研究 ／ 白　奚著
——中国古代的思想自由与百家争鸣

传统与变迁 ／ 周晓虹著
——江浙农民的社会心理及其近代以来的嬗变

神秘主义诗学 ／ 毛　峰著

第六辑

人类的四分之一：马尔萨斯的神话与中国的现实 ／ 李中清　王　丰著
(1700—2000)

古道西风 ／ 林梅村著
——考古新发现所见中西文化交流

汉帝国的建立与刘邦集团 ／ 李开元著
——军功受益阶层研究

走进分析哲学 ／ 王　路著

选择·接受与疏离 ／ 王攸欣著
——王国维接受叔本华　朱光潜接受克罗齐　美学比较研究

为了忘却的集体记忆 ／ 许子东著
——解读50篇"文革"小说

中国文论与西方诗学 ／ 余　虹著

第七辑

正义的两面 ／ 慈继伟著

无调式的辩证想象 ／ 张一兵著
——阿多诺《否定的辩证法》的文本学解读

20世纪上半期中国文学的现代意识 ／ 张新颖著

中古中国与外来文明 ／ 荣新江著

中国清真女寺史 ／ 水镜君　玛利亚·雅绍克著

法国戏剧百年 ／ 宫宝荣著
(1880—1980)

大河移民上访的故事 ／ 应　星著

第八辑

多视角看江南经济史 ／ 李伯重著
(1250—1850)

推敲"自我"：小说在18世纪的英国 ／ 黄梅著

小说香港 ／ 赵稀方著

政治儒学 ／ 蒋　庆著
——当代儒学的转向、特质与发展

在上帝与恺撒之间 ／ 丛日云著
——基督教二元政治观与近代自由主义

从自由主义到后自由主义 ／ 应奇著

第九辑

君子儒与诗教 / 俞志慧著
——先秦儒家文学思想考论
良知学的展开 / 彭国翔著
——王龙溪与中晚明的阳明学
国家与学术的地方互动 / 王东杰著
——四川大学国立化进程（1925—1939）
都市里的村庄 / 蓝宇蕴著
——一个"新村社共同体"的实地研究
"诺斯"与拯救 / 张新樟著
——古代诺斯替主义的神话、哲学与精神修炼

第十辑

祖宗之法 / 邓小南著
——北宋前期政治述略
草原与田园 / 韩茂莉著
——辽金时期西辽河流域农牧业与环境
社会变革与婚姻家庭变动 / 王跃生著
——20世纪30—90年代的冀南农村
禅史钩沉 / 龚隽著
——以问题为中心的思想史论述
"国民作家"的立场 / 董炳月著
——中日现代文学关系研究
中产阶级的孩子们 / 程巍著
——60年代与文化领导权
心智、知识与道德 / 马永翔著
——哈耶克的道德哲学及其基础研究

第十一辑

批判与实践 / 童世骏著
——论哈贝马斯的批判理论

语言·身体·他者 / 杨大春著
——当代法国哲学的三大主题
日本后现代与知识左翼 / 赵京华著
中庸的思想 / 陈赟著
绝域与绝学 / 郭丽萍著
——清代中叶西北史地学研究

第十二辑

现代政治的正当性基础 / 周濂著
罗念庵的生命历程与
思想世界 / 张卫红著
郊庙之外 / 雷闻著
——隋唐国家祭祀与宗教
德礼之间 / 郑开著
——前诸子时期的思想史
从"人文主义"到
"保守主义" / 张源著
——《学衡》中的白璧德
传统社会末期华北的
生态与社会 / 王建革著

第十三辑

自由人的平等政治 / 周保松著
救赎与自救 / 杨天宏著
——中华基督教会边疆服务研究
中国晚明与欧洲文学 / 李奭学著
——明末耶稣会古典型证道故事考诠
茶叶与鸦片：19世纪经济全球化
中的中国 / 仲伟民著
现代国家与民族建构 / 昝涛著
——20世纪前期土耳其民族主义研究

第十四辑

自由与教育 / 渠敬东　王　楠著
——洛克与卢梭的教育哲学

列维纳斯与"书"的问题 / 刘文瑾著
——他人的面容与"歌中之歌"

治政与事君 / 解　扬著
——吕坤《实政录》及其经世思想研究

清代世家与文学传承 / 徐雁平著

隐秘的颠覆 / 唐文明著
——牟宗三、康德与原始儒家

第十五辑

中国"诗史"传统 / 张　晖著

民国北京城：历史与怀旧 / 董　玥著

柏拉图的本原学说 / 先　刚著
——基于未成文学说和对话录的研究

心理学与社会学之间的
诠释学进路 / 徐　冰著

公私辨：历史衍化与
现代诠释 / 陈乔见著

秦汉国家祭祀史稿 / 田　天著

第十六辑

辩护的政治 / 陈肖生著
——罗尔斯的公共辩护思想研究

慎独与诚意 / 高海波著
——刘蕺山哲学思想研究

汉藏之间的康定土司 / 郑少雄著
——清末民初末代明正土司人生史

中国近代外交官群体的
形成（1861—1911） / 李文杰著

中国国家治理的制度逻辑 / 周雪光著
——一个组织学研究

第十七辑

新儒学义理要诠 / 方旭东著

南望：辽前期政治史 / 林　鹄著

追寻新共和 / 高　波著
——张东荪早期思想与活动研究
（1886—1932）

迈克尔·赫茨菲尔德：学术
传记 / 刘　珩著

第十八辑

"山中"的六朝史 / 魏　斌著

长安未远：唐代京畿的
乡村社会 / 徐　畅著

从灵魂到心理：关于经典精神分析的
社会学研究 / 孙飞宇著

此疆尔界："门罗主义"与
近代空间政治 / 章永乐著

第十九辑

何处是"中州"？ / 江　湄著
——十到十三世纪的历史与观念变局

波斯与东方：阿契美尼德帝国时期的
中亚 / 吴　欣著

观物：邵雍哲学研究 / 李　震著

魔化与除魔：皮柯的魔法思想与现代
世界的诞生 / 吴功青著

通向现代财政国家的路径：英国、日本
与中国 / 和文凯著

汉字革命：中国语文现代性的起源
（1916—1958） / 钟雨柔著